* 9 7 9 8 8 6 9 1 7 4 6 8 0 *

ספר
עץ חיים
לרבינו
חיים ויטאל ז"ל
שקיבל ממרן האר"י זלה"ה
שער השתלשלות ע"ס
שער ב' ענף א'
דט"ו ע"ב – דט"ו ע"ג
תש"פ
SimchatChaim.com
בהוצאת
שמחת חיים

בס"ד

הקדמה

ירפא **ה**מאציל **ו**יושיע **ה**בורא את כל חולי בני ישראל, וישלח להם רפואה שלימה, רפואת הנפש ורפואת הגוף, בכל אבריהם ובכל גידיהם לעבודתו יתברך.

בי"ב במנחם אב תשס"ה, הובהלתי לבית החולים, הרופאים לא נתנו לי סיכוי לחיות יותר מכמה שעות בגלל מספר תסבוכות. עם כל זאת בזכות התפילות של בני ישראל הקדושים, ברחמיו הרבים, ריחם עלי הקדוש ברוך הוא, ונשארתי בחיים.

עם כל זאת, הובחנה אצלי מחלה קשה בכליות, ונאמר לי שהצטרך למכונת דיאליזה. בשבילי זה היה שוק!!! אף פעם לא הייתי אצל רופא, או בבית חולים. כך בעל כרחי התחברתי למכונת דיאליזה, ומכונה זאת הייתי[1] קשורה בי ככלב במשך שמונים חודשים בדיוק, כמניין **יסוד**, במשך 10-12 שעות ביום.

בשבת פרשת **ויחי יעקב** י"ב טבת תשע"ב, בזכות בני ישראל, שכולם אהובים כולם ברורים כולם גיבורים כולם קדושים... וכולם פותחים את פיהם באהבה שלוש פעמים ביום, ואומרים - **ברוך אתה... רופא חולי עמו ישראל**, וכללותם כל האברכים, תלמידי הישיבות, רבנים וחכמים, חסידים, מקובלים עם תינוקות של בית רבן, זקנים עם נערים, בחורים וגם בתולות, בארץ הקודש ובעולם. ומצד שני בנות ישראל היקרות מפז, שהתפללו וקבלו עליהם כל מיני קבלות, מהפרשת חלה עד צניעות וכיסוי הראש, עם הרבנים, המנהלים, המורים, המורות **והתלמידות של בית יעקב דטורונטו** שכל יום התפללו, וכללו בתפילתם שבקעה את כל הרקיעים אותי, ונושעתי אני הקטן. הושתלה בי כליה. והתנתקתי ממכונת הדיאליזה.

אמר המלך דוד - לולי[2] תורתך שעשעי אז אבדתי בעניי. מה שנתן לי חיות היא התורה הקדושה, בשעות הרבות שהייתי מחובר למכונת הדיאליזה (כ-12 שעות ביום), ערכתי סדרתי וכתבתי במחשב את הקונטרסים שלמדתי במשך שנים. וקונטרסים אלו הפכו לחיבור, ואחרי התלבטויות ובקשות מבני גילי, החלטתי בעזרתו יתברך להדפיס קונטרסים אלו.

ידוע הוא כי כל דברי האר"י זלל"ה ותלמידו נאמן ביתו, רבינו חיים ויטאל הם סתומים וחתומים באלפי שרשראות ומנעולים, והרב ז"ל גלה טפח וכיסה אלפים אמה, וכלל דבריהם הוא משלים, עם כל זאת העוסק במשל פועל בעלמות העליונים בנמשל. לכן צריך זהירות גדולה לא להגשים את המשלים, בסוד המבואר בספר הזוהר הקדוש - **ועלייהו אתמר** ועליהם נאמר - **ארור האיש אשר יעשה פסל ומסכה וגומר, ושם בסתר, מאי בסתר מהו בסתר - בסתרו דעלמא** בסתר העולם. **ובגין דא אמר קודשא בריך הוא לא תעשון אתי** ומפני זה אמר הקדוש ברוך הוא לא תעשון אתי **אלה"י כסף ואלה"י זהב, והכי אוקמוה חבריא לא תעשון אתי כדמות שמשי שמשמשין אותי** וכך העמידוהו החברים לא תעשון אתי כדמות שמשי שמשמשים אותי **במרום, לצייורא בסתר דילי שום ציור או דמיון** לצייר בסתר שלי שום ציור או דמיון, **דכל מאן דצייר לעיל לקודשא בריך הוא** שכל מי שמצייר למעלה לקדוש ברוך הוא, בסתר)**דאיהי שכינתיה, כלילא מעשר**

---

[1]

גמרא סוטה ד"ג ע"ב – רבי אלעזר אומר, **קשורה בו ככלב**, שנאמר - ולא שמע אליה לשכב אצלה להיות. עמה לשכב אצלה בעולם הזה. להיות עמה לעולם הבא.

[2]

תהלים קי"ט צ"ב

ספיראן שהיא שכינתו, כלולה מעשר ספירות(, **שום ציור, וצלם, ודמות, כגוונא דמציירין בשמשין דיליה** שמצייירים בשמשים שלו, **נשמתיה אתלבשא בההוא צלמא** נשמתו מתלבשת באותו צלם.....

וכן הוא בסוף ענף ד' דשער א' בספר עץ חיים שער ההקדמות, וז"ל הטהור - ואמנם דבר גלוי הוא כי אין למעלה גוף ולא כח גוף חלילה. וכל הדמיונות והציורים אלו לא מפני שהם כך חס ושלום. אמנם **לשכך את האוזן** לכשיוכל האדם להבין הדברים העליונים, הרוחניים, בלתי נתפסים, ונרשמים בשכל האנושי. לכן ניתן רשות לדבר בבחינת ציורים ודמיוניים, כאשר הוא פשוט בכל ספרי הזוהר. וגם בפסוקי התורה עצמה כולם כאחד עונים ואומרים בדבר הזה, כמו שאמר הכתוב עיני הוי"ה המה משוטטים בכל הארץ. עיני הוי"ה אל צדיקים. וישמע הוי"ה. וירח הוי"ה. וידבר הוי"ה. וכאלה רבות. וגדולה מכולם מה שאמר הכתוב - ויברא אלהי"ם את האדם בצלמו בצלם אלהי"ם ברא אותו זכר ונקבה וגו'. **ואם התורה עצמה דברה כך** גם אנחנו נוכל לדבר כלשון הזה, עם היות שפשוטו הוא למעלה שם שאין בו אורות דקים בתכלית הרוחניות, בלתי נתפסים שם כלל, וכמו שאמר הכתוב - כי לא ראיתם כל תמונה, וכאלה רבות. ואמנם יש עוד דרך אחרת כדי להמשיך ולצייר בה הדברים העליונים, והם בבחינת כתיבת צורת אותיות, כי כל אות ואות מורה על אור פרטי עליון, וגם תמונת זו דבר פשוט הוא כי אין למעלה לא אות ולא נקודה, **וגם זה דרך משל וציור לשכך את האוזן** כנזכר.....

ולכן כל המבואר כאן בחיבור זה הוא כדי **לשכך את האוזן**. והתרשימים שבסוף החיבור הם כדי **לשבר את העין**, לכן אין שום ביאור והסבר שלם, ואין שום תרשים שלם בתכלית השלמות.

ידוע כי[3] דברי תורה עניים במקומן ועשירים במקום אחר, **ועל אחת כמה וכמה** בדברי הרב ז"ל, שכל סוגיה חסרה[4] במקומה, וחלקיה מפוזרים במקומות אחרים. **זאת ועוד** הרב ז"ל מערבב בדרוש אחד כמה וכמה סוגיות, כאשר בפשטות דבריו נראה שכל הדרוש הוא דרוש אחד, ולא מחולק לסוגיות שונות, ושמועות שונות, **ביאור** דברי הרב ז"ל כאן הם **בעומק, והוא בעצם ליקוט** עד איפה שידי הקצרה הגיעה, מכל חלקי ספר עץ חיים, ושמונה השערים המצוינים לרב ז"ל, מבוא שערים ושאר ספרי הרב ז"ל, והוא גם על פי הקדמת רחובות הנהר למרן הרש"ש, דרושי פנימיות וחיצוניות, דרוש הדעת, סוגיות ערכין, סוגיות דכללות והתכללות, פרטות וכללות, וסוגיות עובי ואורך, ועל פי ביאור גדולי רבותינו חכמי המקובלים לדורותם זלה"ה זי"ע.

ידוע כי[5] אין בר בלי תבן, כך אין ספר בלי טעיות, ועוד יודע אני כי דל ועני אני, **ואין**[6] **עני אלא בדעה.** לכן מבקש אני בכל לשון של בקשה אם יש לכל אחד שאלות, הערות, הארות, תיקונים, נא לשלוח ל - book@simchatchaim.com והשתדל לענות, ולתקן את הצריך תיקון.

בברכה והצלחה בלימוד התורה הקדושה

ובעיקר בפנימיות התורה, תורת האר"י הח"י.

ורפואה שלימה לכל חולי ישראל.

אח"י

---

[3]

גמרא ירושלמי, ראש השנה פ"ג הלכה ה' די"ז ע"א – דברי תורה עניים במקומן, ועשירים במקום אחר.

[4]

תורת חכם דע"ב ע"ב – חסר לשון הוא, כמו שיראה המעיין.

[5]

גמרא ברכות נ"ה א' - מה לתבן את הבר נאם ה', וכי מה ענין בר ותבן אצל חלום, אלא אמר ר' יוחנן משום ר' שמעון בן יוחאי ,כשם שאי אפשר לבר בלא תבן, כך אי אפשר לחלום בלא דברים בטלים.

[6]

גמרא נדרים מ"א ע"א – אין עני אלא בדעה .

ב"ה

הקדמה קצרה לחיוב לימוד תורת הקבלה

ישמחו השמים ותגל הארץ ירעם הים ומלאו. שזכינו בדור שלנו שפנימיות התורה, שהיא היא תורת הקבלה, מתפשטת לכל, וכל מקום בעולם היום לומדים בתורת הח"ן. הדור שלנו יש הרבה התעוררות ללמוד סתרי התורה הקדושה, הנקראת חכמת הקבלה. בירושלים של המאה ה-18 בישיבת **בית אל** היו בקושי מנין של מקובלים, והיום תורת הקבלה מופצת בכל מקום בארץ ובעולם. לעניות דעתי אחת הסיבות העיקריות לשינוי זה הוא רצונם של בני התורה, החוזרים בתשובה ועמך לדעת את סוד החיים, למה ברא הקדוש ברוך הוא את העולם, ואת טעמי המצות, ר"ל אי אפשר היום בדור שלנו, להסביר על פי הפשט את הסיבה מדוע אסור לאכול בשר וחלב, מדוע צריך להניח תפילין, למה לשמור דוקא שבת ולא יום שלישי, אי אפשר להגיד כל הזמן **זאת גזרת הכתוב, כך רוצה הקדוש ברוך הוא**, האנשים מחפשים הסברים למצות, לסיפורי התנ"ך, לגלגולי נשמות, ועוד. ורק על ידי עסק בפנימיות התורה, אדם מסיג את ההסברים לקושיות שיש לו. **זאת ועוד** חיים אנחנו בדור של חומריות, והאנשים מחפשים את רוחניות שבחיים, אז מה עושים, נוסעים למזרח, להודו, סין, תאילנד למצוא רוחניות, ולא יודעים **ששורש כל הרוחניות בעולם נמצאת בתורה הקדושה**, עם כל זאת כאשר הלומד את פשט התורה, **הוא לא מכיר** את הקדוש ברוך הוא, והוא בלי יראת שמים ושמחה אמתית. כותב הרב המקובל האלוה"י רבינו יהודה פתייה בפרושו הנפלא על עץ חיים - כי לימוד עץ חיים הוא עמוק מאד מאד, כי הוא **מים שאין להם סוף**, והוא קשה מאד גם לחכמים ההוגים בו תמיד, וכל שכן למתחילים. כי הוא חזק מצור, וקשה מברזל, שאי אפשר לחצוב ממנו מאומה, אם לא על ידי כלי מחצב חזקים כציפורן שמיר. וכל המתחיל בלימוד עץ חיים, אם לא יהיה לו רב, או לפחות איזה מפרש המפרש לו כונת הפרק ההוא לפי פשוטו, נבול יבול, ואינו יכול לעמוד על הפרק כי אם לאחר יגיעה רבה, ושקידה עצומה, וכולי האי ואולי. כי הרבה פעמים יסבור המעיין שהבין הענין ההוא כראוי, ואחר שילמוד עוד איזה פרקים אחרים, ירגיש כעצמו שלא הבין את פרקים הקודמים, והניסיון יעיד על זה, עד כאן דברי קודשו. עם כל זאת חייב כל אדם לעסוק בתורת החיים.

צדיק אתה הוי"ה וישר משפטיך. כתב הרב רבינו חיים ויטאל ז"ל בהקדמה לשער ההקדמות - והנה מה שכתב בתחילת דבריו, ואפילו כל אינון דמשתדלי באורייתא כל חסד דעבדי לגרמייהו וכו', עם היות שפשטו מבואר ובפרט בזמנינו זה, בעוונתינו היום אשר התורה נעשית קרדום לחתוך בה אצל קצת בעלי תורה, אשר עסקם בתורה על מנת לקבל פרס, והספקות יתירות, וגם להיותם מכלל ראשי ישיבות, ודיני סנהדראות, להיות שמם וריחם נודף בכל הארץ, **ודומים במעשיהם לאנשי דור הפלגה הבונים מגדל וראשו בשמים**, ועיקר סיבת מעשיהם היא מה שאמר אחר כך הכתוב - **ונעשה לנו שם**... והנה על הכת הזאת אמרו בגמרא כל העוסק בתורה שלא לשמה, נוח לו שנהפכה שליתו על פניו, ולא יצא לאויר העולם. ואמנם האנשים האלה מראים תימה וענוה באמרם כי כל עסקם בתורה הוא לשמה. והנה החכם הגדול התנא רבי מאיר ע"ה העיד עליהם שלא כך הוא, באומרו לשון כללות - כל העוסק בתורה לשמה זוכה לדברים הרבה וכו', **ומגלים לו רזי תורה, ונעשה כנהר שאינו פוסק**, והולך

וכמעיין המתגבר מאליו, בלתי הצטרכו לטרוח ולעיין בה, ולהוציא טיפין טיפין של מימי התורה מן הסלע, הנה זה יורה שאינו עוסק בתורה לשמה כהלכתה, ומי זה האיש אשר לא יזלו עיניו דמעות בראותו המשנה הזאת, **ורואה חסרונו ופחיתותו**, עד כאן לשונו. לכן כל אחד צריך לטעום מעץ החיים.

חצות לילה אקום להודות לך על משפטי צדקך. כתב רבינו אליהו מני זצ"ל רבו של הרי"ח הטוב, בספרו הקדוש כסא אליהו שער ד' וז"ה - ואם זיכך הוי"ה, ללמוד בחכמת האמת, הנה עצה היעוצה היא שכל סדר הלימוד בנגלה תתנהג בו ביום דווקא. **אבל בלילה תלמוד בחכמת האמת, והעיקר הלימוד אחר חצות**, כי זה הלימוד צריך ישוב דעת הרבה, וכשיקוץ האדם אז דעתו מיושבת עליו יותר. גם גה הלימוד צריך הסתר והצנע, **וכל דבר שיהיה בלילה ובפרט אחר חצות יהיה נסתר יותר מן היום**. ותעשה ועד עם החברים בבית המדרש אם הוא צנוע, **או בביתך ותלמדו בכל לילה**, עד כאן לשונו. וישב ללמוד האדם בלילה תחת עץ החיים.

קראתי בכל לב ענני הוי"ה חקיך אצרה. בהקדמה[7] לשער ההקדמות מבאר הרב ז"ל - ואמנם אל יאמר אדם אלכה לי ואעסוק בחכמת הקבלה, מקודם שיעסוק בתורה במשנה ובתלמוד, כי כבר אמרו רבינו ז"ל - אל יכנס אדם לפרדס **אלא אם כן מלא כריסו בבשר ויין**, והרי זה דומה לנשמה בלתי גוף, שאין לה שכר ומעשה וחשבון, עד היותה מתקשרת בתוך הגוף, בהיותו שלם מתוקן במצוות התורה בתרי"ג מצות. **וכן בהפך** בהיותו עוסק בחכמת המשנה והתלמוד בבלי, ולא ייתן חלק גם אל סודות התורה וסתריה, כי **הרי זה דומה לגוף היושב בחושך**, בלתי נשמת אדם נר הוי"ה המאירה בתוכה, **באופן שהגוף יבש בלתי שואף ממקור חיים**, אשר זהו ענין אומרו במקום אחר ההוא הנזכר לעיל וז"ל - דאילין אינון דעבדי לאורייתא יבשה, ולא בעאן לאשתדלא בחכמת הקבלה וכו'. באופן כי התלמידי חכמים העוסקים בתורה לשמה, ולא לשמו, לעשות לו שם. צריך שיעסוק בתחילה בחכמת המקרא, והמשנה, והתלמוד, כפי מה שיוכל שכלו לסבול. ואחר כך יעסוק לדעת את קונו בחכמת האמת, וכמו שציוה דוד המלך ע"ה את שלמה בנו - דע את אלה"י אביך ועבדהו. ואם האיש הזה יהיה כבד וקשה בענין העיון בתלמוד, מוטב לו שיניח את ידו ממנו, אחר שבחן מזלו בחכמה זאת, ויעסוק בחכמת האמת. וזה שמבואר כל תלמיד חכם שאינו רואה סימן יפה בתלמוד בחמשה שנים, שוב אינו רואה, עד כאן דברי קודשו. ומזה כל אחד ואחד חייב להדבק במקור החיים.

חסדך הוי"ה מלאה הארץ חקיך למדני. בשער הגלגולים, בקדמה ט"ז כתב הרב ז"ל - עוד צריך שתדע, כי האדם צריך לקיים כל התרי"ג מצות, במעשה, ובדבור, ובמחשבה. וכמו שאמרו ז"ל על פסוק - זאת התורה לעולה ולמנחה וכו', כל העוסק בפרשת עולה, כאלו הקריב עולה וכו'. וכוונו בזה שהאדם מחוייב לקיים כל התרי"ג מצות בדבור, וכן על דרך זה במחשבה. ואם לא קיים כל התרי"ג בשלשה בחינות הנזכרות, מחוייב להתגלגל עד שישלים אותם. **עוד דע**, כי האדם מחויב לעסוק בתורה בארבעה מדרגות, **שסימנם פרד"ס**, והם, פשט, רמז, דרוש, סוד וצריך שיתגלגל עד שישלים אותם. ובהקדמה י"ז כותב הרב ז"ל - שהאדם **מחוייב לעסוק בתורה בארבעה מדרגות שבה**, והיא זאת, דע, כי כללות כל הנשמות

ע"ח ד"א ע"ד.

הם שישים רבוא ולא יותר. והנה התורה היא שרש נשמות ישראל, כי ממנה חוצבו, ובה נשרשו. ולכן יש בתורה שישים רבוא פירושים, וכלם כפי הפשט. ושישים רבוא ברמז. ושישים רבוא בדרש. **ושישים רבוא בסוד.** ונמצא, כי מכל פירוש מן השישים רבוא פרושים, ממנו נתהווה נשמה אחת של ישראל, ולעתיד לבא כל אחד ואחד מישראל, ישיג לדעת כל התורה כפי אותו הפירוש המכוון עם שרש נשמתו, אשר על ידי הפרוש ההוא נברא ונתהווה כנזכר. וכן בגן עדן אחר פטירת האדם, ישיג כל זה. וכן בכל לילה כאשר האדם ישן, ומפקיד נשמתו ויוצאה ועולה למעלה, הנה מי שזוכה לעלות למעלה, מלמדים לו שם אותו הפירוש, שבו תלוי שרש נשמתו. ואמנם הכל כפי מעשיו ביום ההוא, כך באותה הלילה ילמדוהו, פסוק אחד, או פרשה פלונית, כי אז מאיר בו יותר פסוק ההוא משאר הימים. ובלילה האחרת יאיר בנשמתו פסוק אחר, כפי מעשיו של אותו היום, וכולם על דרך הפירוש ההוא אשר תלויה בו שרש נשמתו כנזכר, עד כאן דברי קודשו. ור"ל שכל יהודי ויהודי חייב להשיג את שורש נשמתו, וללמוד את סוד החיים.

יבאוני רחמיך ואחיה כי תורתך שעשעי - אמר רבי ישמעאל, בא וראה כמה קשה יום הדין שעתיד הקדוש ברוך הוא לדון את כל העולם כולו בעמק יהושפט. בזמן שתלמידי חכמים באים לפניו, אומר לכל אחד מהם - כלום עסקת בתורה, אמר לו הן, אומר לו הקדוש ברוך הוא הואיל והודית, אמור לפני מה שקרית, ומה ששנית בישיבה, ומה ששמעת בישיבה. מכאן אמרו - כל מה שקרא אדם יהא תפוש בידו, ומה ששנה כמו כן, שלא תשיגהו בושה ליום הדין. מכאן היה רבי ישמעאל אומר - אוי הלה לאותה בושה, אוי לה לאותה כלימה, ועל זה ביקש דוד מלך ישראל בתפילה ובתחנונים לפני המקום ואמר - הוי"ה בוקר תשמע קולי בוקר אערך לך ואצפה. בא לפניו מי שיש בידו מקרא ואין בידו משנה, הקדוש ברוך הוא הופך את פניו ממנו, ושרי גיהנם מתגברים בו כזאבי ערב, ונוטלין אותו ומשליכין אותו לתוכה. בא לפניו מי שיש בידו שני סדרים או שלושה, אז הקדוש ברוך הוא אומר לו - בני, כל ההלכות למה לא שנית אותם, ואם אומר הקדוש ברוך הוא הניחוהו, מוטב, ואם לאו עושין לו כמידת הראשון. בא לפניו מי שיש בידו הלכות, הקדוש ברוך הוא אומר לו - בני, תורת כהנים למה לא שנית, שיש בה טומאה וטהרה, וטומאת שרצים וטהרת שרצים, טומאת נגעים וטהרת נגעים, טומאת נתקים ובתים וטהרת נתקים ובתים, טומאת זבים ולידה וטהרת זבים ולידה, טומאת מצורע וטהרתו, סדר וידוי יום הכיפורים, וגזירות שוות, ודיני ערכים, וכל דין שדנו ישראל לא דנו אלא מתוכו. בא לפניו מי שיש בידו תורת כהנים, אומר לו הקדוש ברוך הוא - בני, חמישה חומשי תורה למה לא שנית, שיש בהם קריאת שמע, ותפילין, ומזוזה. בא לפניו מי שיש בידו חמישה חומשי תורה, אומר לו - בני, למה לא למדת הגדה, ולא שנית, שבשעה שחכם יושב ודורש, אני מוחל ומכפר עוונותיהם של ישראל, ולא עוד אלא בשעה שעונין אמן יהא שמיה רבה מברך, אפילו נחתם גזר דינם אני מוחל ומכפר להם עוונותיהם. בא לפניו מי שיש בידו הגדה, אומר לו הקדוש ברוך הוא - בני, תלמוד למה לא שנית, שנאמר - כל הנחלים הולכים אל הים והים איננו מלא, זה התלמוד, שיש בו חכמות הרבה. בא מי שיש בידו תלמוד, הקדוש ברוך הוא אומר לו - בני, הואיל ונתעסקת בתלמוד, **צפית במרכבה, צפית בגאוה,** שאין הנייה בעולמי, אלא בשעה שתלמידי חכמים יושבים ועוסקים בתורה, מציצין ומביטין ורואין והוגין המון התלמוד הזה - **כסא כבודי היאך הוא עומד. רגל הראשונה במה היא משמשת, שניה במה היא משמשת, שלישית במה היא משמשת, רביעית במה היא משמשת, חשמל היאך הוא עומד, ובכמה פנים הוא מתהפך בשעה**

אחת, לאי זה רוח הוא משמש, הברק היאך הוא עומד, כמה פנים של זוהר נראין בין
כתפיו, לאיזה רוח משמש, כרוב היאך הוא עומד, לאי זה רוח הוא משמש. גדולה מכולם
עיון כיסא הכבוד, היאך הוא עומד, עגול הוא כמין מלבן, ומתוקן הוא, כמה גשרים יש
בו, כמה הפסק בין גשר לגשר, וכשאני עובר באיזה גשר אני עובר, ובאי זה גשר
האופנים עוברים, ובאיזה גשר הגלגלים עוברים. גדולה מכולם מצפורני ועד קודקודי,
היאך אני עומד, כמה שיעור בפיסת ידי, וכמה שיעור אצבעות רגלי. גדולה מכולם כיסא
כבודי, היאך הוא עומד, לאיזה רוח הוא משמש, באחד בשבת לאיזה רוח הוא משמש,
בשני בשבת לאיזה רוח הוא משמש, בשלישי בשבת לאיזה רוח הוא משמש, ברביעי
בשבת, בחמישי בשבת, בשישי בשבת לאיזה רוח משמשין, וכי לא זהו הדרי, זהו
גדולתי, זהו הדר יופי, שבניי מכירין את כבודי במידה הזאת. ועליו אמר דוד - מה רבו
מעשיך הוי"ה, כולם בחכמה עשית, מלאה הארץ קנייניך. עד כאן לשון המדרש. ממדרש זה
לומדים על חובת כל אחד ואחד מישראל את לימוד כל חלקי הפרד"ס, ובעיקר את בחינת הסוד
שבתורה, הנקרא[8] מעשה מרכבה, ובמעשה בראשית. ומבאר הרב בית לחם יהודה על השינוי
שיש בפסוקים במעמד הר סיני, בפסוק אחד כתוב - ויחן שם **ישראל** תחת ההר. ומספר
פסוקים יותר מאוחר כתוב וירא **העם** וינועו מרחק. וידוע כי כאשר כתוב בתורה **ישראל**,
מדובר **בבני ישראל**, וכאשר כתוב **העם**, מדובר על **הערב רב**. וז"ל הרב בית לחם יהודה -
ובזוהר בהעלותך דף קנ"ב ע"א קרי להעוסקים בחכמת האמת, אינון דהוי קיימי בטורא דסיני.
וז"ל - חכמין עבדי דמלכא עלאה אינון דקיימו בטורא דסיני, לא מסתכלי אלא בנשמתא,
דאיהי עיקרא דכלא אורייתא ממש וכו'. ונראה בעיני אם מותר, משמע אותן שאינן יודעים
סודות התורה לא עמדו על הר סיני, עד כאן לשונו. ונראה לי בביאור כוונתו כי בתחלה
כשיצאו ישראל לקראת האלהי"ם, היו מתייצבים בתחתית ההר, ואחר כך נאמר וירא העם
וינועו ויעמדו מרחוק, כי היו יראים פן תאכלם האש הגדולה הזאת וימותו. והיה מקצת מהעם
שהיו ששים ושמחים לקראת השכינה, ולא רצו לזוז ממקומם הראשון, ולעמוד מרחוק, אפילו
אם ימיתו ממש. ועליהם הוא מה שכתב בזוהר הנזכר - אינון דקיימו בטורא דסיני, כלומר ולא
נעו ועמדו מרחוק, אלא עמדו בטורא דסיני מתחלה ועד סוף, ולכן הם זוכים לחכמת האמת.
ואתם הנשמות אשר נעו עם העם ועמדו מרחוק, כן הם עושים גם עתה, שנסים ועומדים
מרחוק לחכמת האמת מיראתם, פן תאכלם האש הגדולה הזאת. ולכן על כל אחד ואחד מבני
ישראל הקדושים מחויב לעמוד תחת עץ החיים.

יראיך יראוני וישמחו כי לדברך יחלתי. בספר הזוהר הקדוש מבואר מדוע התפילות של בני
ישראל לא נענות, וז"ל תיקוני הזוהר תיקון מ"ג - **בראשית תמן את"ר יב"ש** במלת בראשית
יש אותיות את"ר יב"ש, **ודא איהו ונהר יחרב ויבש** היסוד הנקרא נהר יחרב ויבש ממי
השפע, ואין לו מה להשפיע למלכות, **בההוא זמנא דאיהו יבש** באותו הזמן שהיסוד הוא יבש,
ואיהי יבשה המלכות הנקראת יבשה, היא יבשה כי לא מקבלת שפע מהיסוד, אז כאשר
צווחין בניין לתתא מתפללים וצועקים בני ישראל, **ביחודא ואמרין** וביחוד שאומרים בני
ישראל **שמע ישראל** שיבא ז"א הנקרא ישראל להתיחד עם נוקבא בשעת התפילה דעמידה,
עם כל זאת **ואין קול** של התפילה או הקריאת שמע שעוזרים לזיווג דזו"ן **ואין עונה** ואין מי
שיענה וימלא את הבקשות בתפילתם. **הדא הוא דכתיב** וזהו שכתוב - **אז בני ישראל יקראונני**

בני ישראל בעת צרתם בקריאת שמע ובתפילה, **ולא אענה** ואני לא אענה אותם בתפלתם, מפני שלא לומדים ומתעסקים בפנימיות התורה. **והכי מאן דגרים דאסתלק** וכל מי שגורם הסלקות פנימיות תורת הקבלה **וחכמתא מאורייתא דבעל פה ומאורייתא דבכתב** מהתורה שבעל פה והתורה שבכתב, **וגרים דלא ישתדלון בהון** וגורמים גם לאחרים שלא יתעסקו וילמדו את חכמת הקבלה, **ואמרין דלא אית אלא פשט באורייתא ובתלמודא** ואומרים שאין בתורה ובתלמוד אלא פשט התורה, בלי פנימיות הסוד, **בודאי הוא יסלק נביעו מההוא נהר** בודאי נחשב לו כאילו הוא מסתלק את נביעת שפע החכמה והבינה מן היסוד, **ומההוא גן** ומן הנוקבא הנקראת גן, **ווי ליה** לאותו יהודי **טב ליה דלא אתברי בעלמא** טוב לו שלא היה נברא, **ולא יוליף ההיא אורייתא דבכתב ואורייתא דבעל פה** ולא היה לומד תורה שבכתב ותורה שבעל פה, כי דינו כעם הארץ שלא למד כלל, ועוד **דאתחשיב ליה כאילו אחזר עלמא לתהו ובהו** שנחשב לו כאילו החזיר את העולם לתהו ובהו, ר"ל לסוד שבירת הכלים לפי שמגביר הקליפות כאשר הנהר והגן יבשים, **וגרים עניותא בעלמא ואוריך גלותא** וגורם עניות בעולם ומאריך את הגלות השכינה וביאת המשיח. עד כאן דברי הזוהר הקדוש. וכותב רב חיים ויטאל זלה"ה בהקדמה וז"ל - אמנם שעשועות של הקדוש ברוך הוא בתורה, והיותו בורא בה את העולמו, היתה בהיותו עוסק בתורה בבחינת הנשמה הפנימית שבה, הנקרא - רזי תורה, הנקרא מעשה מרכבה, **היא חכמת הקבלה** כנודע אל היודעים, וטעם הדבר הוא להיותו עולם האצילות העליון מאד, טוב ולא רע, **דלא יכיל להתערבא עמיה קליפה**, ועליה אתמר - וכבודי לאחר לא אתן, כנזכר בספר התיקונין דף ס"ו תיקון י"ח, וכן בספר הזוהר בפרשת בראשית דף כ"ח ע"א עיין שם. ולכן גם התורה אשר שם [**אח"י** - בעולם האצילות] אינה רק מופשטת מכל לבושי הגופנים, מה שאין כן למטה בעולם היצירה, עולם דמטטרו"ן, הנקרא עבד טוב, והוא הנקרא עץ הדעת טוב מסטרא, ומסטרא דסמא"ל שהוא קליפין דיליה, **נקרא עבד רע**, כי התורה אשר שם, הם שית סדרי משנה **הנקראים שפחה** כנזכר לעיל, וכנזכר בפרשת בראשית שם דף כ"ז ע"א. ולכן נקראת משנה, לפי ששם יש שינויים הפוכים **טוב מסטרא דעבד טוב**, היתר, כשר, טהור. **רע מסטרא דעבד רע**, איסור, טמא, פסול. גם הוא מלשון כי מרדכי היהודי משנה למלך, שהיה שפחה הנקרא עבד מלך, מלך גם נקרא מלשון שינה, כנזכר בפרשת פינחס דף רמ"ד ע"ב - קם זמנא תנינא ואמר, מארי מתניתין נשמתין ורוחין ונפשין דילכון אתערו כען ואאעברו שינתא מניכון דאיהו, ודאי משנה אורח פשט, דהאי עלמא ואנא לא אתערנא בכו, אלא ברזין עילאין דעלמא דאתי דאתון בהון, לא ינום ולא יישן. וזה יובן במה שמבואר יותר למעלה שם - **ורבנן דמתניתין ואמוראי, כל תלמודא דלהון על רזין דאורייתא סדרו ליה.** ונמצא כי המשנה והש"ס הם הנקרא גופי תורה. והנה דבריהם כחלום בלי פתרון, **ורזיה וסתריה הפנימים הנקרא נשמת התורה, הם הם פתרון החלום הנפתר בהקיק**, בסוד - אני ישנה ולבי ער, וכמו[9] שאמרו חכמים ז"ל - **במחשכים הושיבני כמתי עולם, זה תלמוד בבלי**, אשר אינינו מאיר אלא על ידי ספר הזוהר, **הם הם רזי תורה וסתריה** אשר עליהם נאמר - ותורה אור. ואין ספק כי כמו שהיצר נקראת עבד ושפחה בערך האצילות, ונקרא קליפין ולבושין דחול, כנזכר בהקדמת ספר התיקונין ד"ג ע"ל וז"ל - וביומי דחול לביש עשר כתות דמלאכיא דמשמשי לעשר ספירות דבריאה. ואם כן אין לתמוה כי התורה אשר שם שהיא המשנה, תהיה נקרא שפחה וקליפין דתורה דאצילות, וזה סוד כל הבשר חציר הנזכר

---

9 סנהדרין דכ"ד ע"א.

לעיל במאמר הראשון, כי כמו שהחטה שהיא בגימטריא כמנין כ"ב אותיות התורה, הגנוזה תוך כמה קליפין ולבושין שהם הסובין והמורסן והתבן והקש והעשב, הנקרא חציר, כן המשנה אצל סודות התורה נקרא חציר, וזה נרמז בספר הזוהר פרשת כי תצא ברעיא מהמנא דף רע"ה ע"ב - **אצל רבנן ווי לאינון דאכלין תבן דאורייתא, ולא ידעי בסתרי אורייתא, אלא קלין וחמורין דאורייתא, קלין אינון תבן דאורייתא, וחמורין אינון חטה דאורייתא, ח"ט ה' אלנא דטוב ורע וכו'.** ואלו באתי להרחיב דרוש זה לא יספיקו מאה קונטרסין בלי ספק בלי שום גוזמא, האמנם החכם עיניו בראשו כי דברי אמת אני אומר, ואל יתמה האדם בראותו ספר הזוהר איך קורא אל המשנה שפחה וקליפין, כי עסק המשנה כפי פשטיה, **אין ספק שהם לבושין וקליפין חיצונים בתכלית אצל סודות התורה הנגנזים,** ונרמזים בפנימיותה כי כל פשטיה הם בעלם הזה בדברים חומרים תחתונים..... על כן על כל בני ישראל לאכול מעץ החיים.

מה אהבתי תורתך כל היום היא שיחתי. ומבאר הרב ז"ל בהקדמה לשער המצות, כי עסק לימוד פנימיות התורה הוא חלק בלתי נפרד מתלמוד תורה, וז"ל - גם בענין עסק התורה שהיא אחת מרמ"ח מצות עשה, אם לא השלים אותה, **שהוא ענין עסקו בפרד"ס התורה,** שהוא ראשי תיבות **פשט רמז דרש סוד,** בכל בחינה מהם כפי אשר יוכל להשיג, **עד מקום שידו מגעת,** לטרוח ולעשות לו רב שילמדנו. ואם לא עשה כן, הרי חסר מצוה אחת של תלמוד תורה, שהיא גדולה ושקולה ככל המצות, וצריך **להתגלגל** עד שיטרח הארבעה בחינות של פרד"ס כנזכר. וכן מבאר הרב בית לחם יהודה בהקדמתו הקדושה, וז"ל - ומה מאד נמלצו [**אח"**י - מלשון מליצה] בזה דברי הנביא ירמיה)סימן כ"ב(באומרו - אל תבכו למת וכו'. שהוא מדבר עם הציבור המתקבצים להספיד על איזה צדיק הנפטר רח"ל, על שנחסר צדיק אחד מהמדור שהיה מנין בזכותו עליהם. וקאמר להו הנביא אל תבכו וכו', **לפי שרובם של צדיקים אינם זוכים לעסוק בכל ארבעה חלקי הפרד"ס, ואם כן מוכרחים הם לחזור ולבוא בגלגול כדי להשלים לימודם בארבעה חלקים,** כי אפילו הוא עסק בשלוש חלקי הפרד"ס, לא יצא ידי חובתו, ועליו נאמר הן כל אלה יפעל א"ל פעמים שלש עם גבר, להחזירו בגלגול. ואם כן הויא פסידא דהדרא. ואפשר שבו ביום שנפטר הוא חוזר ומתגלגל, כנזכר בזוהר ריש פרשת אמור, יעו"ש. ואם כן אין לכם פסידא כל כך. אמנם בכו בכו להלך, לאותו צדיק שכבר עסק בארבעה חלקי הפרד"ס. כי תיבת להלך היא חסר ו', ואם תחשוב תיבת להלך ארבעה פעמים עם ארבעה הכוללים, שהם כנגד ארבעה חלקי הפרד"ס, הם בגימטריא פרד"ס. **שזה הצדיק לא ישוב עוד וראה את ארץ מולדתו, כי על ארבעה לא אשיבנו.** שזהו פסידא דלא הדרא באמת, ונחסר לגמרי מן העולם הזה, עד כאן לשונו. ולכן חובה על כל אדם לעסוק בכל חלקי הפרד"ס, ובפרט בחלק הסוד, הנקרא פנימיות התורה, כמבואר בזוהר הקדוש כמובא בזוהר הקדוש פרשת נשא דף קכ"ד - **בהאי חבורא דילך דאיהו ספר הזוהר יפקון ביה מן גלותא ברחמי,** בזכות הלימוד בספר הזוהר הקדוש, יצאו בני ישראל מהגלות **ברחמים.** ועוד כל מי שחשקה נפשו ללמוד, אסור למנוע זאת ממנו, בסוד הפסוק[10] - אל תמנע טוב מבעליו, ועל כל אדם להיכנס לפרד"ס החיים.

אשרי האיש אשר לא הלך בעצת רשעים ובדרך חטאים לא עמד ובמושב לצים לא ישב. דע כי

---

¹⁰

משלי ג' כ"ז – אל תמנע טוב מבעליו בהיות לאל ידך לעשות.

יהיו הרבה אנשים רשעים, שינסו למנוע מבני ישראל הקדושים ללמוד בכללות תורה, ובפרט את תורת הקבלה, מכל מיני סיבות ומניעות, והשטן מדבר מגרונם של אלו הרשעים. ואלו דברי קודשו של בעל שבט מוסר רבינו אליהו הכהן האתמרי זצלה"ה - ובהביטך בן אדם מה שעבר על אחרים למה תרדוף אתה אחר כל אלה הדברים הזרים, להשביע נפש מרורים ולמוסרה ביד צרים המה המקטרגים הצוררים, ולמה לא תחמול על נפשך ועל נועם תבנית צלם גופך למוסרו בידן ולהשליכו בתוך גחלי רתמים בטיט היון של גיהנם, להשחירו ולהתיכו כאשר ניתך הזפת בפני האש, אשר על כן תן עצה אתה בנפשך **לברור בדרך החיים בעסק התורה והמצות**, וגם להצטער עצמך זמן קצוב הם חיי עולם הזה, כדי שתתענג זמן רב בלתי סוף ותכלית, ואל יעלה על דעתך כאשר עלה בדעת הרבה שנאבדו בידם באומרם כיון שמכיר אני בעצמי שאין בדעתי להבין ולהשכיל, איני עוסק בתורה, טועה הוא בדבר, שהרי הוא מחוייב לעשות מה שנצטוה לעשות, ואם יבין יבין, **שהרי והגית בו יומם ולילה כתיב** ולא כתיב ותבין בו, וכן תמצא בדברי התנא אם למדת תורה הרבה נותנין לך שכר הרבה, ואינו אומר אם הבנת הרבה, אלא למדת אמרו, ותשתדל להבין ואם תבין תבין, ואם לא שכר לימודך בידך, וכמאמר התנא לפום צערא אגרא, ומה גם שאמרו האדם איני לומד מפני שאיני מבין, **הוא פיתוי היצר**, יתמיד בלימודו וסוף הבינה לבא, שבראות קדוש ברוך הוא **חשקו בתורתו ודבקותו בה, פותח לו מעייני החכמה**, דכתיב - כי הוי"ה יתן חכמה מפיו דעת ותבונה. והנני מוסר לך דבר אשר תרדוף אחריה, ויהיה חיים לנפשך וענקים לגרגרותיך, **לעולם יהיה עיקר לימודך בדבר של תורה שליבך חפץ יותר**, אם בגמרא גמרא, ואם בדרוש דרוש, ואם ברמז רמז, **ואם בקבלה קבלה**, ורמז לדבר כי אם בתורת הוי"ה חפצו, כלומר תורת הוי"ה תלויה בדבר שלבו חפץ לעסוק, וכמו שמבאר האר"י זלה"ה בספר דרושי הנשמות והגלגולים פרק שלישי, וז"ל - יש בני אדם שכל חפצם ועסקם בפשטי התורה, ויש שעסקם בדרוש, ויש ברמז, ויש גם כן בגימטריות, **ויש בדרך האמת**, הכל כפי מה שעליו נתגלגל בפעם ההוא, כיון שהשלים פעם אחרת בשאר העניינים, אין צורך לו שבכל גלגול יעסוק בכולם, עד כאן לשונו. **ואל תביט ותשגיח לדברי המתנגדים על מה שחשקת לעסוק בתורה** בגמרא או בפשט או בדרוש וכו', באומרם לך למה אתה מוציא כל ימיך בפרט זה של תורה ולא בפרט זה, משום שעל מה שחשקת ללמוד, על דבר זה באת לעולם, ואם תשים דעתך לדבריהם, יכריחוך להתגלגל בזה העולם פעם אחרת ולעבור נפשך בחרב חדה של מלאך המות ולטעום טעם מיתה, ולכן לא תשמע לדברי המשחית נפשך, **כי דע שהשטן מתלבש באלו האנשים לדאוג ולהצטער ולהכאיב נפש הלומד ועוסק בתורה**, בחלק שָׁאֲוָתָה נפשו לעסוק, כדי להבדילו משם שלא ישלים נפשו, על מה שבא להשלימה, ולהכריחו גלגולים אחרים, וכשם שבדבר שחושק יותר האדם ללמוד, משם יבין שעל דבר זה נתגלגל להשלים, כך צריך האדם שידע שורש נשמתו ומהיכן נמשך ועל מה בא לתקן ולהשלים, כמו שאמר בזוהר שיר השירים על הגידה לי את שאהבה נפשי וכו'. **וכדי שיבין יראה באיזה מצוה תקיף יצרו יותר לבטלה יתחזק בה לקיימה, כי בוודאי על מצוה זו נתגלגל**, וכדי שלא ישלים חוקו מנגדו יצרו לבטלה להוציאו מן העולם בידיים ריקניות... ולכן לא תשמע לדברי רשעים אלו, אלא תשמע לדברי חיים.

חבר אני לכל אשר יראוך ולשמרי פקודיך. בסוף[11] עץ חיים מובא מספר כללים למהרח"ו, וז"ל - להאר"י זלה"ה. הרמב"ן וחבריו ודברי ראשונים כמו רבי נחוניא בן הקנה לא הזכירו רק עשר ספירות, ולא גילו עניני פרצוף כלל. **ודע שהרמב"ן והראשונים היו יודעים בפרצוף**, אלא שדברו בהעלם גדול, לרוב הגלות שלא ניתן רשות לגלות, ולהתפשט האורות הגדולים, מאחר שגברו הקליפות, וכל זר לא יאכל קדש. **אמנם בעקבות משיחא כמו בדורינו זה התחילו האורות להתפשט להיות כבראשונה**, כמו שהיה בזמן העולם מתוקן ולהתתקן מעט. ומתחלה היו האורות סתומים, היה העולם מקולקל, וכל מה שנתקלקל נסתם בגלות, ולא היו משיגין אלא עשר ספירות בסתום, בסוד הנקודות, כל אחד כלול מעשר, ובענין הפרצופים לא נתגלה להם כלל, לפי שמצאו בדברי הראשונים סתומים, ולא ידעו עומק הדברים, וחשבו שכך הוא ודברו בעשר ספירות כל אחד כלול מעשר ובחינות הרבה, ולפי שראיתי מי שחולק על דברים אלו לאמור שלא מצינו אלא עשר ספירות, ומהיכן יש לשלוט כח לאמור כמה פרצופים שנמצא יותר מעשר ספירות, ומספר רב והלא הראשונים כתבו בספר יצירה - עשר ולא תשע, עשר ולא י"א, לזה באתי לפתוח לך כחודא דמחטא, אולי תזכה להבין מקצת, וכולו לא תשורנו עין, וזהו. ובהקדמתו[12] הקדושה כותב הרב ז"ל - והנה אין בכל דור ודור שלא נמצאו בו אנשים יחידי סגולה ששרתה עליהם רוח הקודש, והיה אליהו הנביא ז"ל נגלה עליהם, **ומלמד אותם סתרי החכמה הזאת**, וכמו שנמצא כתוב בספרי המקובלים, גם בעל ספר הרקנטי כתב בפרשת נשא בפרשת ברכת כהנים...... ואנשי לבב שמעו לי, אל יהרסו אל הוי"ה, **לראות בספרי האחרונים הבנויים על פי השכל האנושי**, ושומע לי ישכון בטח ושאנן מפחד רעה. ולכן אני הכותב הצעיר חיים וויטאל, רציתי לזכות את הרבים **בהעלם נמרץ והמשכילים יבינו**, וקראתי שם החבור הזה על שמי **ספר עץ חיים**, וגם על שם החכמה הזאת העצומה, חכמת הזוהר, הנקרא עץ חיים, ולא עץ הדעת כנזכר לעיל, בעבור כי בחכמה הזאת טועמיה חיים זכו, ויזכו לארצות החיים הנצחיים, **ומעץ החיים הזה ממנו תאכל, ואכל וחי לעולם**. ואשכילך ואורך דרך זו תלך דע מן היום אשר מורי זלה"ה החל לגלות זאת החכמה, **לא זזה ידי מתוך ידו אפילו רגע אחד**, וכל אשר תמצא כתוב באיזה קונטריסים על שמו ז"ל, ויהיה מנגד מה שכתבתי בספר הזה, **טעות גמור הוא, כי לא הבינו דבריו, ואם יש בהם איזה תוספות שאינו חולק עם ספרינו זה, אל תשית לבך בקבע אליו, כי שום אחד מהשומעים את דברי קדשו, לא ירדו לעומק דבריו וכוונתו, ולא הבינום**, בלי שום ספק. ואם יעלה בדעתך לחשוב שתוכל לברור הטוב ולהניח הרע, אל בינתך אל תשען, כי אין הדברים האלו מסורים אל לב האדם כפי שכל אנושי, והסברא בהם סכנה עצומה, ויחשב בכלל קוצץ בנטיעות חס ושלום, לכן הזהרתיך ואל תסתכל בשום קונטרסים הנכתבים בשם מורי זלה"ה, זולתי במה שכתבנו לך בספר הזה, **ודי לך בהתראה זאת**, אלו הם דברי קודשו. ועלינו ללמוד אך ורק בתורת מורינו חיים.

אני קראתיך כי תענני אל הט אזנך לי שמע אמרתי. עוד כתב הרב ז"ל בהקדמתו תנאים כדי לזכות לחכמה הקדושה הזאת, וז"ל - אני הכותב משביע בשמו הגדול יתברך, לכל מי שיפלו

---

[11] ע"ח ח"ב דקי"ט ע"א.

[12] ע"ח ד"ד ע"ב.

הקונרטסים אלו לידו, שיקרא הקדמה זאת, ואם אותה נפשו לבוא בחדרת החכמה זאת, יקבל עליו לגמור ולקיים כל מה שאכתוב עליו ויעיד יוצר בראשית, שלא יבוא אליו היזק בגופו ונפשו, ובכל אשר לו, ולא לאחרים. תחת רודפו טוב והבא לטהר ולקרב. **ראשית הכל יראת הוי"ה, להשיג יראת העונש, כי יראת הרוממות, שהוא יראה הפנימית, לא ישיגוהו רק מתוך גדלות החכמה**, ועיקר מגמתו בידיעה הזה יהיה לבער קוצים מן הכרם, כי לכן נקראים העוסקים בחכמה הזאת מחצדי חקלא. **ובודאי שיתעוררו הקליפות נגדו לפתותו ולהחטיאו, לכן יזהר שלא לבוא לידי חטא אפילו שוגג**, שלא יהיה להם שייכות בו, לכן צריך ליזהר מהקלות, כי הקדוש ברוך הוא   מדרדק עם הצדיקים כחוט השערה, לכן צריך לפרוש עצמו מבשר ויין כל ימות השבוע, **וצריך הזהרת סור מרע ועשה טוב**, ובקש שלום. בקש שלום צריך להיות רודף שלום, ולא להקפיד בביתו על דבר קטן וגדול, וכל שכן שלא יכעוס ח"ו.

<u>וצריך להתרחק בתכלית הריחוק סור מרע.</u>

א. ליזהר בכל דקדוקי מצות, ואפילו בדברי חכמים, שהם בכלל לא תסור.

ב. לתקן המעוות קודם שיבא לעולם הבא.

ג. יזהר מהכעס, אפילו בשעה שמוכיח את בניו, לא יכעוס כלל ועיקר.

ד. גם צריך ליזהר מהגאוה, ובפרט בענין הלכה, כי גדול כחה והגאוה, בזה עון פלילי.

ה. בכל צער שיבא לו, יפשפש במעשיו וישוב אל הוי"ה.

ו. גם יטבול בעת הצורך לו.

ז. גם יקדש את עצמו בתשמיש המטה שלא יהנה.

ח. שלא יעבור כל לילה ויחשוב בכל לילה מה שעשה ביום, ויתודה.

ט. גם ימעט בעסקיו ואם אין לו פרנסה כי אם על ידי משא ומתן, יכין יום שלישי ויום רביעי, מחצי היום ואילך, ובכוונה שהוא לעבודת קונו.

י. כל דבור שאינו של מצוה והכרחי, יהיה זהיר ממנו, ואפילו דבר מצוה ימנע בשעת התפלה.

<u>ועשה טוב</u>

א. לקום בחצי הלילה, ולעשות הסדר בשק ואפר ובכי גדול, ובכוונה כל אשר יוציא בשפתיו. ואחר כך יעסוק בתורה כל זמן שיוכל להיות בלי שינה, ובלבד שחצי שעה קודם עלות השחר יתעורר לעסוק בתורה.

ב. ילך לבית הכנסת קודם עלות השחר, קודם חיוב טלית ותפילין, להיזהר שיהיה מעשרה ראשונים.

ג. קודם שיכנס, ישים אל לבו מצות עשה ואהבת לרעך כמוך, ואחר כך יכנס.

ד. להשלים רמז צדיק בכל יום. שהוא צ' אמנים, ד' קדושות, י' קדישים, ק' ברכות.

ה. שלא להסיח דעתו מהתפילין בעת התפילה, זולת בעת העמידה ועסק התורה.

ו. צריך שיהיה עוסק בתורה, מעוטף בטלית ותפילין.

ז. לכוין בתפלה הכוונות, כמו שנבאר בע"ה.

ח. שישים תמיד נגד עיניו שם בן ארבעה אותיות הוי"ה, ויזדעזע ממנו, כמו שכתוב - שויתי הוי"ה לנגדי תמיד.

ט. שיכוין בכל הברכות, בפרט בברכת הנהנין.

י. צריך שיהיה עמל בתורה פרד"ס, שנאמר או יחזיק במעוזי, ואל יחשוב שיגלו לו רזי התורה

בהיותו ריק, כדכתיב - יהב חכמתא לחכימין, וצריך ליזהר שלא יוציא בשפתיו בחכמה זו, מה שלא שמע מאדם שראוי לסמוך עליו, וכאזהרת רשב"י וחבריו. השגת החכמה תנאי הראשון, צריך למעט דבורו, ולשתוק, כל מה שיוכל כדי שלא להוציא שיחה בטילה, כמאמר רז"ל - סייג לחכמה שתיקה. גם תנאי אחר, על כל דבר תורה שלא תבינהו, תבכה עליו כל מה שתוכל. גם עלית הנשמה בלילה לעולם העליון, שלא תשוט בהבלי העולם, תלוי שתישן בבכיה. ומרת עצבות מגונה עד מאוד, ובפרט להשיג חכמה, והשגה אין לך דבר מונע השגה יותר מזה. גם בענין השגת האדם, אין לך דבר שמועיל כמו הטהרה והטבילה, שיהיה האדם טהור, בכל עת ומורי זלה"ה עם היות שהיה לו חולי השבר שהקור מזיק לו, עם כל זה לא היה מונע מלטבול בכל עת, עד כאן דברי קודשו. ועלינו לקיים את בקשת הרב ז"ל את הבחינות של[13] סור מרע ועשה טוב, כדי לטפס בעץ החיים.

מרן הרש"ש[14] מעיד על עצמו, וז"ל - וראיתי מה שכתבו מעלת כבוד תורתם, על ענין עבודת הוי"ה שקצרתי במקום שהיה ראוי להרחיב מעט הדיבור, אמת הוא כי לכתחילה קצרתי בו, **יען ראיתי כמה מהנזק יצא ממה שכתבו בזה המקובלים שקדמו, כי רבים חללים הפילו, וחלול כבוד הוי"ה, וכבוד התורה. הוי"ה יכפר בעדם, כי כל דבריהם לא על פי התורה הם, ואינם מיוסדים על האמת, ומהם יצאו אבות, ומאבות תולדות הריסת יסודי התורה ח"ו, הוי"ה יכפר. וכל זה לא שלמדתי בדבריהם ח"ו**, אלא שפעם אחת הוכרחתי בעל כרחי לעיין בדף אחד שכתוב בו קצור מה שכתבו בענין זה, **וכמעט שקרעתי בגדי לראות דברים אשר לא כן על הוי"ה.** הוי"ה יכפר, וכבר מילתי אמורה להם, **כי עידי בשמים כי כל עסקי ולמודי, אינו רק בדברי האר"י זלה"ה, ותלמידו מהרח"ו ז"ל לבדם, ובלעדם אין לי עסק בשום ספר מספרי המקובלים ראשונים ואחרונים, ואפילו בדברי שאר תלמידי האר"י ז"ל לא למדתי, וכשיזדמן לפני דבר מדבריהם, אני מדלגו.** כי על כן איני כמזהיר, אלא כמזכיר, למען הוי"ה אל יהי לכם מגע יד בדבריהם, ובפרט בענין זה, השמרו לכם פן יפתה לבבכם, **אלא כל לימודם לא יהיה אלא בעץ חיים ובספר מבוא שערים ובשמונה שערים המפורסמים,** שכולם דברי אלהי"ם חיים. ואני קצרתי בענין זה כל מה שאפשר, כי יראתי פן יפלו דפים אלו ביד מי שעדיין לא למד דברי האר"י ז"ל כראוי, **ויחשידני שלמדתי בספרים אחרים, ולא כן הוא כאמור**, ולכן קצרתי בו, ופיזרתי בהקדמה, עד כאן דברי קודשו של מרן הרש"ש. ואנחנו תפילה שיתגלה משיח צדיקנו במהרה בימינו, ומלאה[15] הארץ דעה את הוי"ה כמים לים מכסים, דעת תורת החיים.

---

[13]

תהלים ל"ד ט"ו – סור מרע ועשה טוב בקש שלום ורדפהו.

[14]

נהר שלום דף ל"ד ע"א.

[15]

ישעיהו י"א ט' – לא ירעו ולא ישחיתו בכל הר קדשי כי מלאה הארץ דעה את הוי"ה כמים לים מכסים.

כתב רבינו גאון הקבלה רבי אליהו מני, רבו של הרי"ח הטוב, רבי יוסף חיים בעל הספר "בן איש חי", בספרו הקדוש **כסא אליהו** כי על הלומד ללמוד כל מאמר ומאמר ארבעה חמשה פעמים בלי המפרשים, וינסה להבין את המאמר בעצמו. ואחר כך ילך לראות אם כיוון לדעת המפרשים.

וכן אני הקטן מבקש בכל לשון של בקשה, ללמוד את הדרוש כמו שהוא מובא בספר עץ חיים, ארבעה חמישה פעמים, כדי לנסות להבין את הדרוש. וכל דרוש מובא בתחילת הספר במלואו.

אחר כך יכנס ללמוד את הדרוש עם ביאור הדברים, עוד ארבעה חמישה פעמים, ואחר כך יראה את המקורות להגהות, ודברי רבותינו הקדושים, עם התרשימים וטבלאות.

ואז יעלה ויצליח בלימוד תורת האר"י הח"י.

כתב רבינו **השד"ה** רבי שאול דוויק הכהן, בהקדמת ספרו איפה שלימה, על אוצרות חיים וז"ל - וכדי שיוכל לעלות לימודו למעלה, ריח ניחוח לה'. קודם כל לימוד ימסור עצמו על קדושת ה', כי זה מועיל מאוד, כמו שכתוב בשער הכוונות דף כ"ד ע"ב, כי עתה בזמנינו בעוונותינו הרבים אין יכולת לעשות זווג כתיקונו למעלה, ולסיבה זו הקץ מתארך וכו'. אמנם עם כל זה יש קצת תיקון במה שנמסור נפשינו על קידוש ה' בכל הלב, כי על ידי כן אפילו אין בנו שום מעשים טובים, והרשענו עד להפליא. הנה על ידי מסירת נפשינו להריגה, מתכפרים עוונותינו כולם, ויש בנו יכולת לעלות עד אימא עילאה, כמו שאמרו חז"ל - גדולה תשובה שמגעת עד כסא הכבוד, שנאמר - שובה ישראל עד ה' וכו', עד כאן דבריו.

וזה הסדר

יקבל עליו ארבע מיתות בית דין, מארבעה אותיות הוי"ה וארבעה אותיות אדנ"י, וליחדם על ידי ארבעה אותיות אהי"ה ועל ידי עסמ"ב

סקילה י **א** וליחדם על ידי **א**	יוֹד הֹי וֹיו הֹי
שרפה **ה** ד וליחדם על ידי **ה**	יוֹד הֹי וֹאו הֹי
הרג ו **נ** וליחדם על ידי י	יוֹד הֹא וֹאו הֹא
חנק **ה** י וליחדם על ידי **ה**	יוֹד הֹה וֹו הֹה

לְשֵׁם יִזוּד

קֻדְשָׁא בְּרִיךְ הוּא וּשְׁכִינְתֵּהּ

יאהדונהי

בִּדְזִזִילוּ וּרְזִזִימוּ   וּרְזִזִימוּ וּדְזִזִילוּ

יאהדויהה   איהדיוהה

לִיַחֲדָא אוֹתִיּוֹת יָ"ה בְּוָ"ה, בְּיִחוּדָא שְׁלִים

יהו"ה

בְּשֵׁם כָּל יִשְׂרָאֵל, לַאֲקָמָא שְׁכִינְתָּא מֵעַפְרָא, הָרֵינִי לוֹמֵד בַּסֵּפֶר קַבָּלָה פְּלוֹנִי שֶׁהוּא כְּנֶגֶד תִּפְאֶרֶת דְּזָ"א בְּעוֹלָם הָאֲצִילוּת שֶׁבּוֹ שֵׁם מַ"ה כָּזֶה יוֹ"ד הֵ"א וָא"ו הֵ"א לַעֲשׂוֹת מֶרְכָּבָה. וִיהִי רָצוֹן מִלְּפָנֶיךָ ה׳ אֱלֹהֵינוּ וֵאלֹהֵי אֲבוֹתֵינוּ שֶׁתְּזַכֵּךְ רוּחֵנוּ וְנַפְשֵׁינוּ שֶׁיִּהְיוּ רְאוּיִים לְעוֹרֵר מַיִן תַּתָּאִין עַל יְדֵי קְרִיאַת סֵפֶר הַקַּבָּלָה הַזֹּאת. וִיהִי נֹעַם יְהֹוָה אֱלֹהֵינוּ עָלֵינוּ וּמַעֲשֵׂה יָדֵינוּ כּוֹנְנָה עָלֵינוּ וּמַעֲשֵׂה יָדֵינוּ כּוֹנְנֵהוּ.

בָּרוּךְ ה׳ לְעוֹלָם אָמֵן וְאָמֵן, נָצַח, סֶלָה, וָעֶד.

השער השני – השתלשלות הי"ס תוך העיגולים וב' ג' ענפים

<u>שער ב' ענף א'</u>

השתלשלות הי"ס דרך עיגולים עניינס הוא שכבר נודע שהחלק התחתון שבחמש מדריגות הנשמה שהיא הנפש כנודע ממנה נתפשטו הי"ס דעיגולים בראשונה דרך הקו והצנור מפאת הא"ס כדמיון אדם תחתון החומרי שבתחלה יש לו בחי' נפש ואח"כ זוכה וקונה בחי' רוח מח"כ מדריגת נשמה וכו' והסדר הזה היה למעלה ג"כ כי בראשונה נאצלו י"ס דעיגולים בבחי' כלים ובבחי' עצמות ורוחניות שבתוכס מבחי' מדריגות נפש לבד ואח"כ חזרו ונאצלו בחי' הי"ס דרך קו היושר כמראה אדם כנ"ל וגם הם כוללים ב' בחינות כלים ועצמות הרוחניות שבתוכס בבחי' מדרגה יותר עליונה הוא הנקרא מדרגת רוח שהוא למעלה ממדרגת הנפש ונמצא שבחי' י"ס דעיגולים הם מדרגת נפש עם הכלים המיוחסי' להם ובחי' י"ס דיושר כמראה אדם שנאצלו אח"כ הוא מדרגת הרוח עם הכלים המיוחסים להם. והנה בחי' הכלים הנ"ל כבר נוגע שאבר הכבד הוא משכן הנפש והלב משכן הרוח והמוח משכן הנשמה ואין כאן מקוס ביאור פרטים אלו.

עוד צריך להודיע כללים אחרים הלא הס אלו דע כי בחי' עצמות ורוחניות אשר מתלבש תוך הכלים הנ"ל הלא הוא הנזכר תמיד אצלינו בחיבורינו זה בחי' אורות נעלמים. והנה האורות האלו הס ב' בחי' א' נקרא או"פ המתלבש תוך הכלים. והב' נקרא או"מ וסובב עליו שמרוב גודל האלרכתו אין הכלי יכול להלבישו ולקבל כחו בתוכו ונשאר מור ההוא מקיף וסובב עליו מבחוז ואין לך שוס אור בעולם שאינו כולל ב' בחי' אלו שהוא או"מ ואו"פ וכמו כן בחי' הכלים אין לך שוס כלי בעולם שאין לו ב' בחי' ע"ד הנ"ל הלא הוא בחי' פנימיות הכלי שפס התדבקות והתלבשות או"פ הזה בתוכו ועוד יש לו בחי' חיצוניות הכלי אשר עליו מבחוז סובב ומקיף או"מ הנ"ל נמצא דרך קלרה האור שהוא בחי' עצמות הרוחניות מתחלק לב' מדריגות והס או"פ ומקיף ועד"ז בחי' הכלים גס הוא מתחלק לב' מדריגות והס פנימיות הכלים וחיצוניות הכלים וכבר נתבאר כללים אלו. הכלל העולה שמתחלת הכל נאצלו הי"ס דרך עיגולים הלא הס מתחלקיס וכוללים בחי' י"ס דכלים מעוגלים בציור עיגולים ובכל כלי מהס יש פנימיות וחיצוניות ובתוך הכלים האלו מתלבשים י"ס רוחניות הנקרא מורות של בחי' הנפש. ועוד י' אורות מקיפים עליהס בחופן שבכל מור מהס יש בו או"פ ואו"מ והכל הוא דרך עיגולים כי או"פ הוא עגול כעין גלגל והוא מלובש תוך כלי א' מעוגל גס הוא ועל כלי זה או"מ עליו וגס הוא עגול כדמיון גלגל סובב וכן כל כל י"ס דעגולים עד"ז כדמיון הרקיעים והגלגלים כנודע. אח"כ נאצלו הי"ס דיושר כמראה אדם ישר והס יותר מעולים מהס וגס הס כוללים בחי' י"ס דכלים והס כוללים בחי' י"ס דכלים וגס הס כוללים בחי' י"ס דכלים ובכל כלי מהס יש בו פנימיות וחיצוניות ובתוך אלו הכלים מתלבשים י"ס רוחניים ונקראים אורות של בחי' רוח ובכל מור מהס יש בחי' או"מ על הכלי מבחוז סביביו ובחי' או"פ מתלבש תוך הכלי הנ"ל והכל בדרך ישר כמראה אדם והנה הקדמה שהקדמתי לך בענף הזה הלא היא כוללת לכל הנאצלים והנבראים ונוצרים ונעשים שבכל העולמות.

[דט"ו ע"ב 29]

הַשַּׁעַר הַשֵּׁנִי – הַשְׁתַּלְשְׁלוּת הִי"ס תּוֹךְ[16] הָעִיגוּלִים וּבוֹ ג' סְעִיפִים[17]

עָנָף א'

דרוש זה מקורו מספר אדם ישר וצריך לכתוב מ"ב בראש הדרוש.

הרב ז"ל חוזר[18] על מספר נקודות משער א', עם[19] כל זאת אי אפשר לבית מדרש בלא חידוש, ומבאר כאן הרב ז"ל את בחינת[20] הנשמה שהיא שם כולל לחמשה חלקים, והוא[21] כי הנשמה נחלקת לחמש בחינות הנקראים נרנח"י, שהם מלמטה למעלה, נפש[22], רוח[23], נשמה[24], חיה[25], יחידה[26]. וכל חלק מהנרנח"י מתחלק לנרנח"י פרטים, שגם הם נפרטים לפרטי פרטים.

16

הַשֶּׁמֶשׁ [ג] – דרך העיגולים בקצרה.

17

הַשֶּׁמֶשׁ [ג] – וכל הכתוב בענפים אלו כפולים, ויש מעט שינוי, ונתבאר בענפים הקודמים.

18

שֶׁמֶן שָׂשׂוֹן שׁ"ב ענף א' דף ה' ע"א – נ"ב השער השני של השתלשלות דרך קצרה, וכל הכתוב **בענפים אלו כפולים**, ויש מעט שינוי, ונתבאר בענפים הקודמים עד כאן לשונו. כל ענף זה לעיל בשער א' ענף ג', שער ההקדמות הקדמה ה', ועיין לקמן ענף ג'.

19

גמרא חגיגה ד"ג ע"א – תנו רבנן מעשה ברבי יוחנן בן ברוקה ורבי אלעזר)בן(חסמא, שהלכו להקביל פני רבי יהושע בפקיעין. אמר להם)רבי יהושע(– מה חידוש היה בבית המדרש היום, אמרו לו תלמידיך אנו ומימיך אנו שותין, אמר להם אף על פי כן **אי אפשר לבית המדרש בלא חידוש**, שבת של מי היתה, שבת של רבי אלעזר בן עזריה היתה, ובמה היתה הגדה היום, אמרו לו – בפרשת הקהל, ומה דרש בה, הקהל את העם האנשים והנשים והטף, אם אנשים באים ללמוד, נשים באות לשמוע, טף למה באין, כדי ליתן שכר למביאיהן, אמר להם מרגלית טובה היתה בידכם, ובקשתם לאבדה ממני.

20

מדרש רבה, בראשית י"ד ט' – חמשה שמות נקראו לה – נפש, רוח, נשמה, יחידה, חיה. **נפש**, זה הדם, שנאמר – כי הדם הוא הנפש. **רוח**, שהיא עולה ויורדת, שנאמר – מי יודע רוח בני האדם העולה היא למעלה. **נשמה**, זו האופיה, דברייתא אמרין האופיתא טבא. **חיה**, שכל האברים מתים והיא חיה בגוף. **יחידה**, שכל האברים משנים שנים והיא יחידה בגוף, הדא הוא דכתיב – אם ישים אליו לבו רוחו ונשמתו אליו יאסוף.

21

תרשים א – א.

22

ויקרא י"ז י"א – כי **נפש** הבשר בדם הוא ואני נתתיו לכם על המזבח לכפר על נפשתיכם כי הדם הוא בנפש יכפר.

23

קהלת י"ב ז' – וישב העפר על הארץ כשהיה והרוח תשוב אל האלהי"ם אשר נתנה.

24

תהילים ק"נ ו' – כל הנשמה תהלל י"ה הללו י"ה.

כאן הרב ז"ל **לא מבאר את בחינת הנשמה עצמה**, אלא על בחינה אצילות העיגולים מאור הא"ס, שנאצלו[27] **כביכול** מהמדרגה תחתונה ושפלה והאחרונה באור הא"ס, וכל זה דרך משל בלבד. בחינה זאת נקראת מלכות, שהיא בחינת הנפש בפרק זה. **עוד** מבאר[28] הרב ז"ל כאן על בחינת **האורות** המשתלשלים בתוך הכלים, הנקראים נשמה.

השתלשלות העשר ספירות דרך עיגולים עניינם הוא, שכבר נודע

שהזולך התזחתון שבזומש במדריגות הנשמה[29] **ש**היא שם כולל לנרנח"י, **היא**[30] בחינת

חלק **הנפש כנודע**[31] שהיא באיכות הכי קטנה ביחס לשאר חלקי הנרנח"י.

25

בראשית ב' ז' – וייצר הוי"ה אלהי"ם את האדם עפר מן האדמה ויפח באפיו נשמת חיים ויהי האדם לנפש **חיה.**

26

תהילים כ"ב כ"א – הצילה מחרב נפשי מיד כלב **יחידתי.**

27

ע"ח ח"ב שמ"ב פ"א מ"ב דפ"ט ע"ב – ועל כן הזהירו בו חכמים במופלא ממך אל תדרוש. אמנם תכלית מה שאנו יכולים לדבר בו הוא כי הכתר הוא בחינת ממוצע ממאציל ונאצל, **והטעם הוא כי הבחינה היותר האחרונה מכל האפשר בא"ס**, הוא אשר האציל בחינה ראשונה אשר בה שורש כל העשר ספירות בהעלם ודקות גדול, שאי אפשר להיות לנאצל יותר דקות ממנו, כי תהו אשר למעלה ממנו אין עוד זולת האפס המוחלט כנזכר לעיל. ונמצא כי יש בבחינה זו שתי מדרגות, **אחד הוא הבחינה היותר תחתונה ושפלה מכל בחינת א"ס**, וכאלו נאמר דרך **משל** שהוא בחינת מלכות שבמלכות, **ואף על פי שאינו כך**, כי אין שם דמות וספירה ח"ו כלל, רק לשכך האזן נדבר כך. והנה בזו המדרגה התחתונה שבא"ס יש בה כללות כל שלמעלה הימנו, ומקבלת מכולם, כנודע שהמלכות מקבלת מכולם, מדרגה זו התחתונה היא האצילה את בחינה השנית שהיא המדרגה העליונה מכל מה שבכל הנאצלים, ויש בה שרש כל הנאצלים, והיא משפעת לכולם, באופן שהיותר קטן מכל המאציל האציל היותר מובחר שבכל הנאצלים, ואין ביניהן מדרגה אחרת כלל, כי אחר המאציל הזה אין נאצל יותר קרוב אליו ודומה לו כזה.

28

כרם שלמה ש"ב פ"א אות א' – השתלשלות העשר ספירות דרך עיגולים. פרוש, לשון זה השתלשלות יפול על בחינת האורות שמשתתלשים ממטה למעלה. וכוונתו לומר הכלים דעיגולים היו כבר היו נמצאים, וכבר נעשו מכח בחינת הרשימו של החלל קודם התפשטות האור דרך הקו, ולכן אחר כך נתפשט ונשתלשל האור מן הקו, ונכנס בתוך הכלים האלו של העיגולים, ונעשה נשמה להם.

29

כרם שלמה ש"ב פ"א אות א' – ובא להראות לי כאן אלו האורות שנשתלשלו בתוך העיגולים, מה מדרגה הם אם נפש, אם רוח וכו'. לכן מפרש ואזיל עניינם הוא שכבר נודע נודע התחתון שבחמש מדריגות הנשמה שהיא הנפש. פירוש כי כללות החמשה מדריגות של הנרנח"י, כולם נקראים בשם נשמה, כמו שאנחנו מברכים - אלה"י נשמה שנתת בי טהורה וכו', כולם מתייחסים על שם הנשמה.

30

כרם שלמה ש"ב פ"א אות א' – והמדריגה שהיא התחתונה שבחמשה מדריגות אלו, היא בחינת הנפש. ובחינה זאת של הנפש, וזה שכתב ממנה, ר"ל מבחינתה, נתפשטו הרוחניות העשר ספירות דעיגולים בראשונה.

31

בית לחם יהודה ש"ב פ"א – שהיא הנפש כנודע ממנה נתפשטו העשר ספירות דעיגולים. קאי על מדרגה התחתונה שבא"ס, וכמו שמבואר בפרק א' דשער מ"ב וז"ל - וכאלו נאמר דרך משל שהיא בחינת מלכות שבמלכות, ואף על פי שאינו כך, שאין שם דמות וספירות ח"ו, רק לשכך את האזן נדבר כך, יעו"ש.

ומבנה[32] ר"ל מבחינת הנפש **נתפשטו העשר ספירות דעיגולים בראשונה**, דרך הקו והצנור מפאת הא"ס. כדמיון אדם תזותון הזוומרי, שבתזולה יש לו כאשר[33] הוא נולד **בזוינת נפש**, ואזור כך אם זוכה וקונה בזוינת רווז, אזור כך אם הוא זוכה הוא קונה **מדריגת נשמה**, וכו', **והסדר הזה היה למעלה** בעולמות העליונים גם כן.

כבר ידוע כי כאשר נולד האדם, הוא נולד עם גוף, ובחינת הנשמה שמתלבשת בו, מחיה את הגוף. והוא כדמיון העולמות העליונים, כאשר בכלי הוא כדמיון בגוף, ועצמות שהם האורות, הם בחינת הנשמה המתלבשת בכלי, היא המחיה אותו. **כאן** מבאר הרב ז"ל כי זכות הכלים שמלבישים את הנרנח"י שלהם תלויים במדרגת האור המתלבש בהם, כאשר מדרגת אור הנרנח"י גדול כך גם הכלי זך יותר, לדוגמה אור היחידה יתלבש בכלי יותר זך, מאור החיה שמתתלבש הכלי החיה, וכו'. יוצא מזה כי אור הנפש שהוא אור פחות זך מכל המדרגות של הנרנח"י, יתלבש בכלי הכי גס ועבה, ביחס לכלים של מדרגות הנרנח"י היותר גדולות.

כי בראשונה ר"ל אחרי הצמצום **נאצלו עשר ספירות דעיגולים, בבזוינת כלים** שלהם, **ובבזוינת עצמות** שלהם, שהם האורות שבתוכם הנקראים נרנח"י, והיא[34] **הרוזניות שבתוכם** כדמיון הגוף והנשמה של האדם התחתון, שהם **מבזוינת מדריגות נפש לבד.**

כרם שלמה ש"ב פ"א אות א' – וזאת הנפש היא נתפשטה דרך הקו אשר נמשך ונתפשט מן הא"ס, ודרך אותו הקו שהוא כמו צינור נתפשטה זאת הנפש של העולמות, ונעשית בדרך עיגולים, וזהו פשט דברי הרב ז"ל.

זהר משפטים דצ"ד ע"ב עם תרגום והסבר – **תא חזי בר נש כד אתיליד** בוא וראה כשאדם נולד **יהבין ליה נפשא מסטרא דבעירא מסיטרא דדכיו** נותנים לו נפש מצד עולם העשיה, שהוא בסוד בהמות טהורות כלפי עולם היצירה שהוא בסוד חיות הקודש, **מסטרא דאלין דאתקרון אופני הקודש** מצד אלו מלאכי העשיה הנקראים אופני הקודש, **זכה יתיר יהבין ליה רוחא מסטרא דחיוון דאינון חיות הקודש** אם זכה יותר נותנים לו רוח מסטרא מצד החיות, שהם סוד מלאכי היצירה הנקראים חיות הקודש, כי אחר שקנה נפש מעשיה חוזר לקנות רוח מיצירה. **זכה יתיר יהבין ליה בנשמתא מסטרא דכורסייא** אם זכה יותר נותנים לו נשמה מצד הכסא שהוא עולם הבריאה שהוא כסא למלכות דאצילות, **ותלת אלין אינון אמה עבד ושפחה דברתא דמלכא** ואלו השלוש עולמות בי"ע הם אמה עבד ושפחה אל מלכות דאצילות והיא הגבירה עליהם, **זכה יתיר יהבין ליה נפשא בארח אצילות מסטרא דבת יחידה** אם זכה יותר נותנים לו נפש הנמשכת בדרך המשכה מצד המלכות דאצילות הנקראת בת יחידה, **ואתקריאת איהי בת מלך** ואותה הנפש נקראת בת מלך, **זכה יתיר יהבין ליה רוחא דאצילות מסטרא דעמודא דאמצעיתא** אם זכה יותר נותנים לו רוח דאצילות מצד עמוד האמצעי שהוא ז"א, **ואקרי בן לקדושא בריך הוא** ואז נקרא בן להקב"ה, **הדא הוא דכתיב בנים אתם להוי"ה אלהיכם** כי הנפש והרוח יוצאים מיחוד זו"ן שהם סוד הוי"ה אלהיכ"ם, **זכה יתיר יהבין ליה בנשמתא מסטרא דאבא ואמא** אם זכה יותר נותנים לו נשמה מצד אבא ואמא, ר"ל נשמה מאמא וחיה מאבא, **הדא הוא דכתיב ויפח באפיו נשמת חיים** שהקב"ה נפח באדם הראשון נשמת חיים, **ומאי חיים** ומי הם הנקראים חיים, **אלא אינון י"ה** אלא הם או"א הנקראים י"ה, והם נקראים חיים לפי שהם החיות של כל הספירות, **דעלייהו אתמר כל הנשמה תהלל יה** כל מי שיש לו נשמה יהלל י"ה, **ואשתלים ביה הוי"ה** ואז זה האדם נשלם בו שם הוי"ה, כי חיה ונשמה הם סוד י"ה, ורוח ונפש הם סוד ו"ה. **זכה יתיר יהבין ליה הוי"ה בשלימו דאתוון יו"ד ה"א וא"ו ה"א** אם זכה יותר נותנים לו שם הוי"ה במילוי אותיות שהוא שם מ"ה, **דאיהו אדם** שהוא סוד אד"ם גמטריה מ"ה, **בארח אצילות דעילא** שהוא דרך המשכה שנמשכת לו בחינת יחידה מלמעלה מא"א, **ואתקרי בדיוקנא דמאריה** ואז נקרא בצלם קונו.

וְאַחַר כך חזרו ונאצלו בבזינת הַעֵשֶׂר ספירות דרך קַו הַיֹּשֶׁר, כמראה **אָדָם** בשלוש קוין חח"ן בג"ה דת"י כנזכר לעיל, וְגַם הם כוללים שְׁתֵּי בְּזִינֹת, **הַכֵּלִים** שלהם, וְעַצְמוּת הָרוּחָנִיּוּת שֶׁבְּתוֹכָם ר"ל האורות שבתוכם הנקראים נרנח"י, בִּבְזִינָת **מַדְרֵגָה יוֹתֵר עֶלְיוֹנָה** בערך למדרגת הנפש, שֶׁהוּא הַנִּקְרָא מַדְרֵגַת הָרוּחַ, שֶׁהוּא **לְמַעְלָה מִמַּדְרֵגַת הַנֶּפֶשׁ**, כל שהכלים של מדרגת הרוח הם במעלה יותר זכה מהכלים של מדרגת הנפש,

והאורות דרוח הם במדרגה גבוה ממדרגת הנפש.

וְנִמְצָא לפי זה שֶׁבִּבְזִינָת עֶשֶׂר ספירות דְעִיגּוּלִים הם בְּמַדְרֵגַת נֶפֶשׁ, עִם הַכֵּלִים הַמְיוּחָסִים לָהֶם. וּבִבְזִינָת עֶשֶׂר ספירות דְיֹשֶׁר כְּמַרְאֵה אָדָם, שֶׁנֶּאֶצְלוּ אַחַר כך, הוּא מַדְרֵגַת הָרוּחַ, עִם הַכֵּלִים הַמְיוּחָסִים לָהֶם.

וְהִנֵּה[35] בְּזִינָת הַכֵּלִים הַנִּזְכָּרִים לְעֵיל, כְּבָר[36] נוֹדַע שיש הבדל בגוף האדם, שֶׁאֵבֶר[37] **הַכָּבֵד הוּא** עיקר **מִשְׁכַּן הַנֶּפֶשׁ**, וְהַלֵּב הוא עיקר **מִשְׁכַּן הָרוּחַ**, וְהַמּוֹחַ הוא עיקר **מִשְׁכַּן הַנְּשָׁמָה**[38], **וְאֵין כָּאן מָקוֹם בִּיאוּר פְּרָטִים אֵלּוֹ** ופרטים אלו נמצאים בשער המוחין[39].

ע"ח שי"א פ"א מ"ה מ"ת דנ"ב ע"א – ועתה נבאר תחלתן, איך היו בעת יציאתן הראשונים בהיותן בלי תיקון. דע כי כאשר יצאו אלו העשר נקודות, יצאו בבחינת אורות וכלים, ואמנם יצאו בלתי תיקון, ולסיבה זו לא יכלו הכלים לסבול **האורות שלהם שהם עצמות** שבתוכם, ונשברו ומתו.
35

נהר שלום, דרוש הדעת דמ"א ע"ג – ונבאר עתה כל זה בפרטות פרצוף אחד שהוא זעיר, וממנו תקיש בכללות כל הפרצופין יחד, דע כי ז"א הוא פרצוף אחד כולל עצמות וכלים, והכלים שבו הם נכללים בשלושה, כי הכבד למטה, וכולל עשר מדות שהם כל האיברים, ומתלבש ע"י הורידין שבו, בכל הגוף. והלב גבוה ממנו, וכולל עשר מדות, ומתלבש תוך בחינת הכבד, על ידי הדפקים שבו, ומתפשט בכל הגוף, והמוח גבוה מכולם, וכולל עשר מדות, מתלבשים תוך בחינת הלב, על ידי הגידים, המתפשטים ממנו, ומתפשט בכל הגוף, ועל דרך זה ממש נחלק העצמות בשלושה, נשמה ורוח ונפש, מתלבשים זה בתוך זה, ומתפשטים בכל הגוף, לכן הכבד משכן הנפש, והלב משכן הרוח, והמוח משכן הנשמה.
36

תרשים א – ב.
37

תרשים א – ג.
38

גמרא ברכות ס"א ע"א – תנו רבנן, שתי כליות יש בו באדם, אחת יועצתו לטובה ואחת יועצתו לרעה, ומסתברא דטובה לימינו, ורעה לשמאלו, דכתיב - לב חכם לימינו ולב כסיל לשמאלו. תנו רבנן, כליות יועצות, **לב מבין**, לשון מחתך, פה גומר, ושט מכניס ומוציא כל מיני מאכל, קנה מוציא קול, ריאה שואבת כל מיני משקין, **כבד כועס**, מרה זורקת בו טפה ומניחתו, טחול שׂוֹחֵק, קרקבן, טוחן, קיבה ישֵׁנָה, אף נעור, נעור הישן ישן הנעור, נמוק והולך לו.

ע"ח ח"ב שמ"ד פ"ב מ"ת דצ"ז ע"ב – זעיר אנפין שבאצילות יש בו עשר ספירות פרטיות, ובכל אחד יש בו שלוש בחינות כלים, חיצון אמצעי ופנימי, הרי הם שלושים כלים, עשר פנימית, תוך עשר אמצעית, תוך עשר חיצונים, ובתוכם בחינת חיות העצמות, שהם הנשמה שלהם, ונתחלק לנרנח"י, והנפש מתלבשת בנה"י

עוֹד צריך להודיע כללים אזורים, הלא הם אלו, דע כי בבחינת עצמות ורוחניות שהם נרנח"י **אשר מתלבש תוך הכלים הנ"ל**, הלא הוא הנזכר תמיד אצלינו בזיבורינו זה, **בבחי' אורות נעלמים**[40] הבחינה שמחייה את הכלים, כדמיון הנשמה המחייה את הגוף. **והנה האורות האלו הם ב' בבחינות, א' נקרא אור פנימי**, **המתלבש תוך הכלים** ומחייה את הכלים. **והב' נקרא אור מקיף, וסובב עליו, שמרוב גודל הארתו** כאשר אור זה הוא יותר זך מהאור הפנימי[41] **אין הכלי** של האור הפנימי יכול להלבישו, ולקבל כזו בתוכו, ונשאר אור ההוא מקיף וסובב עליו

דאו"א, בבחינת החיצוניות בתוך עשר ספירות דכלים הנקרא אחור, והרוח מתלבשת בנה"י דאו"א האמצעיים תוך העשר ספירות דכלים אמצעים, והנשמה מתלבשת בנה"י דאו"א הפנימים, תוך עשר ספירות דכלים פנימים, ובתוכם נשמה לנשמה היא חיה, ובתוכם היא יחידה ובחינת העצמות, הם עשר הוי"ת מנוקדות קמץ ופתח הנזכר בתיקונים, הוי"ה בספירה אחת דעשר ספירות דז"א, ה' אחרונה שלה מתלבש בכלי דאחור, ו' בכלי אמצעי, ה' בכלי פנימי, י' תוך כולן, וקוץ י' הם תוך כולם, ושלוש כלים אלו הם דמיון **מוח לב כבד שהם משכן לנר"ן.**
תרשים א – ד
39

ע"ח ח"ב ש"כ פ"ה דצ"ז ע"ד - אמנם נבאר ענין ז"א ומשם תקיש אל השאר הנה ג' כלים יש בז"א חיצון ואמצעי ופנימי ואין לך אבר ואבר שאין בו ג' בחי' אלו עובי החיצון מצד אחור ועובי הפנימי מצד הפנים ומה שביניהן בסוד אמצעי אכן ג' שרשי כלים אלו החיצון שבכולם נמשך חיותו מן הכבד ע"י ווירידי הכבד שבהם שולח המזון שהוא אל אותו החיצון והכלי אמצעי נמשך חיותו מן הלב ע"י עורקים הדופקים הנמשכין מן הלב שבהם שולח (המזון) החיות הרוחני כעין רוח דק וזך והוא בחי' דם חומרי ג"כ אלא שחזר ונזדכך בלב כנודע כי הכבד שולח דם הממשי אל כל אבר ואבר והיותר מובחר שולח אל הלב ואז הלב חוזר ומזככו (פעם ב') ונעשה בו בחי' (דם) רוחניות זך ומשלחו אל כלי האמצעי אשר בכל אבר ואבר ואח"כ הלב שולח (דם) רוחניות היותר זך אל המוח ושם הוא חוזר ומזדכך פעם ג' ואז שולחו המוח אל הכלי הפנימי של האבר דרך גידין הנמשכין מן המוח כנודע ואותו הרוחניות הזך נקרא כח ההרגשה. אמנם הצד השוה שבשלשתן שכולם הם מיני דם אלא שזה מזוכך מזה וזה מזוכך מזה. והנה בתוך ג' שרשים אלו שהם מוח לב כבד אשר הם ג' שרשים של ג' בחי' הכלים של כל אבר ואבר כנ"ל הנה בתוכם הוא נר"ן וא"כ נמצא כי הנפש שורה בכבד ובאמצעיתו משלח הארותיה אל הכלים החיצונים ע"י ווירידי הדם כנזכר וא"כ נמצא כי אורות הנפש יאירו בכלי החיצון ורוח שורה בלב ובאמצעיתו שולח פארות הארותיו אל הכלים האמצעים ע"י העורקים הדופקים כנ"ל והמוח שורה בו הנשמה ובאמצעיתו שולח הנשמה פארות הארותיו אל הכלים הפנימים ע"י הגידין כנ"ל.
40

בית לחם יהודה ש"ב פ"א – בחינת אורות נעלמים. נראה שחזר וביטל כלל זה, כי בכל ספרי רז"ל לא קראם בשם אורות נעלמים, רק בשם עצמות.
בכל מקום שהרב ז"ל מזכיר אורות, או אורות נעלמים כוונתו למה שמחייה את הכלים, כי אין שום אור בעולמות, וזה שהוא אור, זה רק דרך משל, כי בעולם הגשמי שלנו האור הוא היקר שבמוחשים, כלומר הדבר שהכי מזכיר בגשמיות את הרוחניות הוא האור, לכן המקובלים ממשילים את השפע רוחני שמחייה את העולמות.
41

האור הפנימי הוא בחינת נפש, רוח ונשמה. האור המקיף הוא בחינת חיה, שמקיף אל הכלי וסוכך עליו. אור היחידה הוא מקיף עליון, והוא סובב על הכלי מרחוק.
תרשים א – ד.

כלומר על הכלי עם האור הפנימי **מבזוזיץ** בתוך הכלי של האור המקיף[42], **ואין לך שום אור בעולם שאינו כולל ב' בזיונות אלו, שהוא אור פנימי** כדי להחיות את הכלי, ולזככו, **ואור מקיף** כדי להגן מסביב על הכלי, בסוד החשמל[43]. **וכמו כן בזיונת הכלים, אין לך שום כלי**

42

גם לאור המקיף יש כלי שהוא מלביש אותו, כי אין אור בלי כלי, כמו שמובא בסידור הרש"ש בכוונות של "עלינו לשבח" שבסוף התפילה

ע"ח ח"ב שמ"ד פ"א מ"ת דצ"ז ע"ב – והענין הוא, כי מקיפים הם היפך הפנימים, כי הפנימים מי שהוא יותר עליון הוא פנימי מכולם, ובמקיפים היותר עליון הוא החיצון מכולם, וזכור זה, ובפנימים הפנימים הם יותר זכים וגדולים מן אמצעים, ואמצעים זכים מן האחור, ובמקיפים להיפך כי היותר חיצון הוא יותר גדול הערך כנודע, כי או"מ גדול מאו"פ, אבל מקיף החיצון הוא גדול מהמקיף שבפנים ממנו, והבן זה. גם מקיפים אלו יש להם נר"ן, וגם הם בסוד מקיפים היפך הפנימים, כי שם הנפש בכלים חיצונים, ורוח באמצעים, כו' וכאן הוא להיפך, כי הנפש הוא במקיף פנימי, ורוח במקיף אמצעי, ונשמה במקיף חיצון, וחיה חוץ מכולם, ויחידה חוץ לכולן.

43

תפקידו ומהותו של האדם היהודי הוא קיום תרי"ג המצוות שבתורה, וכל מצות וההלכות של רבותינו, כאשר אדם מקים מצוות עשה, או שומר את עצמו מלא תעשה, הוא גורם להמשיך עליו אור מקיף שהוא סוד החשמל, בגימטרייה מלבוש, חשמל זה מגן על האדם מיניקת החיצונים, וזהו שכרו של עובד ה', שהוא המלבוש, שנקרא **חלוקא דרבנן**, בסוד כל ישראל יש להם **חלק** (מלשון חלוקא) לעולם הבא. וכאשר הוא ח"ו לא שומר את מצוות ה' יתברך גורם הוא לחשמל להסתלק, בסוד **נשמתין ערטילאין** ואז יש יניקה לחיצונים מהקדושה, וזה עונשו של זה.

שערי קדושה לרבי חיים ויטאל ח"א ש"א - נודע אל בעלי מדע, כי גוף האדם איננו האדם עצמו מצד הגוף כי זה נקרא בשר האדם, כמו שכתוב (איוב י' י"א) עור ובשר תלבישני ובעצמות וגידים תשוככני, ועוד כתיב (שמות ל' ל"ב) על בשר אדם לא ייסך וגו', נמצא האדם הוא הפנימיות, אבל הגוף הוא ענין לבוש אחד תתלבש בו נפש השכלית אשר היא האדם עצמו בעודו בעולם הזה, ואחר הפטירה יופשט מעליו הלבוש הזה ויתלבש בלבוש זך ונקי רוחני, וכמו שכתוב (זכריה ג' ד') הסירו הבגדים הצואים וגו' והתלבש אותך מחלצות, הוא הנקרא חלוקא דרבנן.

גמרא סנהדרין ד"צ ע"א - כל ישראל יש להם חלק לעולם הבא שנאמר (ישעיהו ס' כ"א) ועמך כולם צדיקים לעולם יירשו ארץ נצר מטעי מעשה ידי להתפאר.

זוהר משפטים דצ"ט ע"ב עם תרגום והסבר - **כמה גלגולין וכמה עובדין סתימין** כמה גלגולים וכמה מעשים סתומים, **עביד קודשא בריך הוא** עושה הקדוש ברוך הוא, **בהדי כמה נשמתין ערטילאין** כמה נשמות ערומות שאין להם לבוש שנקרא חלוקא דרבנן, כדי להתלבש בו, כי לא עסקו בתלמוד תורה, ולא קיימו מצוות עשה, ולא שמרו על מצוות לא תעשה, שמהם נתקן לבוש זה של הנשמה, **וכמה רוחין ערטילאין אזלין בההוא עלמא** וכמה רוחות ערומים הולכים בעולם העליון, **דלא עאלין לפרגודא דמלכא** ולא יכולים לכנס למחיצתו של הקדוש ברוך הוא, מחמת העונות, **וכמה עלמין אתהפך בהו** וכמה עולמות מתהפכים בגללם, מרחמים לדין, **ועלמא דאתהפך בכמה פליאן סתימין** והעולם הזה מתהפך בכמה פליאות סתומות, **ובני נשא לא ידעין ולא משגיחין** ובני אדם לא יודעים, ולא מתבוננים, **והיך מתגלגלן נשמתין כאבנא בקוספיתא** איך מתגלגלים הנשמות כאבן בכף הקלע, **כמה דאת אמר** כמו שכתוב (שמואל א' כ"ה כ"ט) **ואת נפש אויביך יקלענה בתוך כף הקלע** הכוונה שהנפש תהיה משוטטת, נעה ונדה, כמו אבן הקלועה בכף הקלע.

ע"ח ח"ב שמ"ב פ"ד דצ"א ע"א - ונבאר ענין החשמל וקליפת נוגה הנזכר פרשת ויקהל, הנה כמו ששלוש גופות דבינה נכנסו תוך ז"א כנודע, כן גוף חיצון מכולם, שהוא העור נשאר חוץ סביב עור דז"א, והענין כי תוך כלי הבשר דז"א נכנס כלי הבשר דנה"י דאמא, ובתוכו נפש פנימי דז"א, ואחר כך תוך כלי שני שהוא גידין דז"א, נכנס כלי שני דגידין דאמא, ובתוכם הרוח פנימי דז"א, ואחר כך כלי שלישי דעצמות ז"א, ובתוכם כלי שלוש דעצמות דאמא, ובתוכם נשמה פנימית דז"א. נשאר עתה עור דבינה, שהיה מהראוי שיכנס

בְּעוֹלָם שֶׁאֵין לוֹ שְׁתֵי בְּחִינוֹת של אור פנימי ואור מקיף עַל דֶּרֶךְ הַנִּזְכָּר לְעֵיל, הֲלֹא הוּא בְּחִינַת פְּנִימִיּוּת הַכְּלִי, שֶׁשָׁם הִתְדַּבְּקוּת וְהִתְלַבְּשׁוּת אוֹר פְּנִימִי הַזֶּה בְּתוֹכוֹ, וְעוֹד יֵשׁ לוֹ בְּחִינַת חִיצוֹנִיּוּת הַכְּלִי, אֲשֶׁר עָלָיו מִבַּחוּץ סוֹבֵב וּמַקִּיף אוֹר מַקִּיף הַנִּזְכָּר לְעֵיל.[44]

נִמְצָא דֶרֶךְ קְצָרָה הָאוֹר שֶׁהוּא בְּחִינַת עַצְמוּת הָרוּחָנִיּוּת נרנח"י מִתְחַלֵּק לִשְׁתֵי מַדְרֵגוֹת וְהֵם, אוֹר פְּנִימִי שֶׁהֵם חלקי נפש, רוח, נשמה, של אותו כלי, וְאוֹר מַקִּיף שהם חלקי חיה, יחידה של אותו כלי, וְעַל דֶּרֶךְ זֶה בְּחִינַת הַכֵּלִים, גַּם הוּא מִתְחַלֵּק לִשְׁתֵי מַדְרֵגוֹת, וְהֵם פְּנִימִיּוּת הַכֵּלִים, וְחִיצוֹנִיּוּת הַכֵּלִים,[45] וּכְבָר נִתְבָּאֵר כְּלָלִים אֵלּוּ.

הַכְּלָל הָעוֹלֶה, שֶׁמִתְחַלֵּת הַכֹּל נֶאֶלְצוּ הָעֶשֶׂר סְפִירוֹת דֶּרֶךְ עִגּוּלִים שהם כדורים, הֲלֹא הֵם מִתְחַלְּקִים וְכוֹלְלִים בִּבְחִינַת עֶשֶׂר סְפִירוֹת כח"ב חג"ת נהי"ם דְּכֵלִים מְעוּגָּלִים, בְּצִיּוּר עִגּוּלִים שהם כדורים, וּבְכָל כְּלִי מֵהֶם יֵשׁ פְּנִימִיּוּת וְחִיצוֹנִיּוּת של הכלי העגול, וּבְתוֹךְ הַכֵּלִים הָאֵלּוּ מִתְלַבְּשִׁים עֶשֶׂר סְפִירוֹת רוּחָנִיּוּת כחב"ד חג"ת נהי"ם, הַנִּקְרָא אוֹרוֹת נרנח"י[46] שֶׁל בְּחִינַת הַנֶּפֶשׁ.

גם כן תוך כלי העור דז"א על דרך השאר, אכן לא כן היה, אלא נשאר מבחוץ על גבי העור דז"א עצמו, ונשארו בבחינת עור על גבי עור ומבחוץ לכולם, הם הצלמים שהם אורות מקיפים דיושר דז"א, שהם הלבושים שלו כנזכר לעיל, והקליפה כבר נתבאר לעיל שהם בין הלבושים והאור המקיף דיושר ובין עור דז"א, ועל כן הושם עור בינה מחוץ לעור ז"א, כדי שלא יוכלו הקליפות אשר שם לינק מז"א, כי עור הבינה מפסיק והוא בחינת החשמל והלבוש כנזכר אצלינו, שנעשה לזו"ן מבינה, בסוד כנשר יעיר קנו על גוזליו ירחף, ואין זה מכלל הלבושים ממש, רק הם בחינת עור ממש, ובזה העור נאחזת הקליפה הדקה שבכולם, הנקרא קליפת נגה, יען בפנימיותו יש נגה ואור רפ"ח ניצוצין של המלכים שנשארו לברר, וזו הקליפה היא רוצה לדבק בז"א, או בנוקבא, **וזה החשמ"ל משמרן**, וכאשר העונות גורמין, אז החשמל מסתלק, ונשאר עור ז"א לבדו, ויש בו ניצוץ קדושה בפנימותו, והוא ו' שבתוך עור, והעור עצמו נשאר רע, שהוא קליפת נוגה והיא יונקת משם.

תרשים א – ה
[44]

תרשים א – ו
[45]

בית לחם יהודה ש"ב פ"א - והם פנימיות הכלים וחיצוניות הכלים. כי עובי הכלי נחלק לשנים, כמבואר בענף ג' דלקמן, ובפרק ב' דשער העקודים. ובדברי שלום כתב נלע"ד, שפנימיות הכלי הם מוח, לב, כבד, וחיצוניות הכלי הם בשר, גידין, ועצמות, יעו"ש.
[46]

באופן כללי יש נרנח"י, וכל חלק מהנרנח"י יש לו נרנח"י פרטי. לכללות הנפש יש נפש שבנפש, רוח שבנפש, נשמה שבנפש, חיה שבנפש, יחידה שבנפש. וכן ברוח, בנשמה, בחיה, וביחידה.

וְעוֹד עֶשֶׂר אוֹרוֹת של הנפש **מַקִּיפִים עֲלֵיהֶם** ולא בחינת ל"ם דצל"ם, **בְּאוֹפָן שֶׁכָּל אוֹר** מֵהֶם יֵשׁ בּוֹ אוֹר פְּנִימִי, וְאוֹר מַקִּיף, וְהַכֹּל הוּא דֶרֶךְ עִגּוּלִים, כִּי אוֹר פְּנִימִי הוּא עָגוֹל כְּעֵין גַלְגַל[47], וְהוּא מְלוּבָּשׁ תּוֹךְ כְּלִי אֶחָד, מְעוּגָל כדורי **גַם הוּא**[48], וְעַל כְּלִי זֶה אוֹר מַקִּיף עָלָיו, וְגַם הוּא עָגוֹל כִּדְמָיוֹן גַלְגַל סוֹבֵב[49], וְכֵן כָּל עֶשֶׂר סְפִירוֹת דְעִגּוּלִים עַל דֶרֶךְ זֶה, כִּדְמָיוֹן הָרְקִיעִים וְהַגַלְגַלִים כַּנוֹדָע.

אַחַר כָּךְ נֶאֶצְלוּ הָעֶשֶׂר סְפִירוֹת כח"ב, חג"ת, נהי"ם **דַיוֹשֶׁר, כְּמַרְאֵה אָדָם יָשָׁר, וְהֵם יוֹתֵר מְעוּלִים מֵהֶם** כי הם מבחינת הרוח הכללי, הכולל נרנח"י דרוח , **וְגַם הֵם כּוֹלְלִים בַּזְוִנָת עֲשָׂרָה סְפִירוֹת דְכֵלִים** כח"ב, חג"ת, נהי"ם, **וּבְכָל כְּלִי מֵהֶם יֵשׁ בּוֹ פְּנִימִיּוּת** הכלי, **וְחִיצוֹנִיּוּת** הכלי, **וּבְתוֹךְ אֵלוּ הַכֵּלִים מִתְלַבְּשִׁים עֶשֶׂר סְפִירוֹת** כחב"ד, חג"ת נהי"ם **רוּחָנִיִים, וְנִקְרָאִים אוֹרוֹת** שהם חלקי נפש, רוח, נשמה דנרנח"י **שֶׁל בְּחִינַת רוּחַ**[50], **וּבְכָל אוֹר מֵהֶם יֵשׁ בְּחִינַת אוֹר מַקִּיף** שהם חלקי חיה, יחידה דנרנח"י דרוח **עַל הַכְּלִי**]דט"ו ע"ג 30[**מִבַּחוּץ סְבִיבוֹ, וּבְחִינַת אוֹר מַקִּיף מִתְלַבֵּשׁ תּוֹךְ הַכְּלִי הַנִזְכָּר לְעֵיל, וְהַכֹּל בְּדֶרֶךְ יָשָׁר כְּמַרְאֵה אָדָם.**

וְהִנֵה הַהַקְדָמָה שֶׁהִקְדַמְתִּי לְךָ בְּעָנָף הַזֶה, הֲלֹא הִיא כּוֹלֶלֶת לְכָל הַנֶאֱצָלִים, וְהַנִבְרָאִים, וְהַיוֹצְרִים, וְהַנַעֲשִׂים שהם א"ק ואבי"ע[51], **שֶׁבְּכָל הָעוֹלָמוֹת** שבכל אחד מהעולמות יש את א"ק ואבי"ע הפרטים של אותו עולם.

---

[47]
בית לחם יהודה ש"ב פ"א – כי אור פנימי הוא עגול כעין גלגל. והוא מתלבש בתוך העורקין, והגידין, והורידין, של הגוף כדרך התלבשות הנשמה בגוף, כמ"ש בפרק ג' דלקמן.

[48]
האור המתלבש בתוך הכלי, צורתו כצורת הכלי המלביש אותו.

[49]
גם האור המקיף את הכלי צורתו כצורת הכלי המוקף.

[50]
לכללות הרוח יש נפש שברוח, רוח שברוח, נשמה שברוח, חיה שברוח, יחידה שברוח.

[51]
בדרך כלל הרב ז"ל מדבר רק על עולמות אבי"ע, ולא מזכיר את א"ק, אבל ידוע שא"ק הוא נאצל, והוא שורש לאבי"ע, הם נאצלו דרכו, והם ענפים אליו, וכאשר לומדים על הענפים, מבינים את השורש.

עֵץ חַיִּים

לרבינו חַיִּים וויטאל

שֶׁקִּיבֵּל מִמָּרָן הָאֲרִ"י זלה"ה

שַׁעַר ב'

שַׁעַר הַהִשְׁתַּלְשְׁלוּת ע"ס

עָנָף א'

חֵלֶק הַתַּרְשִׁימִים טַבְלָאוֹת וְצִיּוּרִים

עֵץ חַיִּים

<u>הקדמה קצרה</u>

דע כי כל התרשימים הציורים והטבלאות, הם אך ורק לשכך את האוזן, ולשבר את העין. וכל הציורים הם לא שלמים.

כתב הרי"ח הטוב ברב פעלים ח"ב בסוד ישרים ה' - אך דע לך כי סדר התלבשות המחצבים שכתב מהרח"ו בשערי קדושה עד עולם הזה שאנחנו עומדים בו. וכן סדר התלבשות הפרצופים אשר בכל מחצב ומחצב, וסדר התלבשות העולמות זה בזה, והיושר והעיגולים, לא אית אינש דכיל למנלע רזא דנא, איך היא עשוי, איך הוא עומד, ולא אפשר לשכל אנושי לצייר כל הנזכר על אמתתם, ועל בוריין מפני כי שכל האנושי בהיותו עצור ומונח בגוף גשמיי, אי אפשר לי להשיג דבר רוחני, והוא זה דומה לאדם סומא מן הבטן שלא ראה מאורות מימיו, דודאי אי אפשר לו לצייר מראות השמש והירח הנראין לעיני הבריות, וכל שכן מה שיש למעלה למעלה.

וכן כתב ברב פעלים ח"א בסוד ישרים א' - סוף דבר הכל נשמע, ה' אחד ושמו אחד, ואין לו גוף ולא דמות הגוף, ואין לו שום ציור, ותמונה ודמיון כלל ועיקר, וגם כל העולמות וספירות הקדושים למעלה אין להם ציור ודמיון של גופים האלה כלל, ואין מי שיוכל לידע איך הוא עמידתם וסדרם, ואיך עומדים עולמות היושר ועולמות העיגולים, ואיך מתחברים זה עם זה, ואיך נמשך השפע מזה לזה, ואיך הוא תוארם ומראיהם, ואיך הוא מהות השפע המחיה אותם, ומקיים אותם, וכמה הוא שיעור אורכם וגובהן ורחבם, ואיך הם נכללים זה בזה, ומלבישים זה לזה, כי בכל זאת אין שום שכל אנושי יוכל לדעת, ולהבין, ולהשיג, כלל ועיקר.

הרב ז"ל כתב בשער אח"פ תחילת פ"א וז"ל - כבר ידעת כי אין בנו כח לעסוק קודם אצילות עשר ספירות, ולא לדמות שום דמיון וצורה כלל ח"ו, אך לשכך האזן, אנו צריכים לדבר דרך משל ודמיון, לכן אף אם נדבר במציאות ציור שם למעלה, אין הדבר רק לשכך האזן. אמנם דע כי עשר ספירות דאצילות הם שתי עניינים. האחד הוא התפשטות הרוחניות, והשני הוא כלים ואברים אשר העצמות מתפשט בהם. והנה צריך שיהיה לכל זה שורש למעלה לשתי בחינות אלו, ולכן צריכין אנו לדבר בסדר המדרגות מראש עד סוף, והנה נתחיל ונאמר כי הלא הא"ס ב"ה אין בו שום ציור כלל ח"ו כמבואר.

הרב ז"ל כתב בשער טנת"א פ"א - והנה אף על פי שאנו מכנים וקוראים כאן כנויים אלו כגון אדם ראש אזנים וכיוצא אינו רק לשכך האזן לשיובנו הדברים לכן אנו מכנים כנויים אלו במקום גבוה, עד כאן לשונו.

וכן הרמ"ק בפרדס רימונים ש"ו פ"א - וצויירו להם המקובלים צורות ביריעות גדולות וקראום אילן.

הרב ז"ל כתב בסוף ש"ה פ"ד וז"ל - ואמנם דבר גלוי הוא כי אין למעלה גוף ולא כח גוף חלילה. וכל הדמיונות והציורים אלו לא מפני שהם כך חס ושלום. אמנם לשכך את האוזן לכשיוכל האדם להבין הדברים העליונים הרוחניים בלתי נתפסים ונרשמים בשכל האנושי, לכן ניתן רשות לדבר בבחינת ציורים ודמיונים, כאשר הוא פשוט בכל ספרי הזוהר. וגם בפסוקי התורה עצמה כולם כאחד עונים ואומרים בדבר הזה כמו שאמר הכתוב עיני ה' המה משוטטים בכל הארץ. עיני ה' אל צדיקים. וישמע ה'. וירח ה'. וידבר ה'. וכאלה רבות וגדולה מכולם מה שאמר הכתוב ויברא אלהים את האדם בצלמו בצלם אלהים ברא אותו זכר ונקבה וגו'. ואם התורה עצמה דברה כך גם אנחנו נוכל לדבר כלשון הזה, עם היות שפשוט הוא שאין שם למעלה אלא אורות דקים, בתכלית הרוחניות, בלתי נתפשים שם כלל, וכמו שאמר הכתוב כי לא ראיתם כל תמונה, וכאלה רבות. ואמנם יש עוד דרך אחרת כדי להמשיך ולצייר בה הדברים העליונים, והם בחינת כתיבת צורת אותיות, כי כל אות ואות מורה על אור פרטי עליון, וגם תמונת זו דבר פשוט הוא כי אין למעלה לא אות, ולא נקודה, וגם זה דרך משל וציור לשכך את האוזן כנזכר. ולכן נבאר עתה הקדמה הנזכר על דרך ציור האותיות גם כן ובבחינת ציורים אלו, הן ציור האדם, והן ציור אותיות, שתיהן מוכרחים להבין ענין האורות העליונים, כאשר תראה ספרי הזוהר בנויים על שתי בחינות הציורים האלה, עד כאן לא.

ולכן גם אנחנו הרשינו לעצמינו לצייר ציורים, תרשימים וטבלאות, אך ורק כדי לשכך את האוזן, ולשבר את העין, כדי להבין את הסוגייה.

אח"י

סדר שמות שמות ההיכלות והשערים בעץ חיים

שם היכל	שער	שם השער	א	ב	ג	ד	ה	ו	ז	ח	ט	י	יא	יב	יג	יד	טו
אדם קדמון	א	עיגולים ויושר	א	ב	ג	ד	ה										
	ב	השתלשלות י"ס דרך עגו'	א	ב	ג												
	ג	סדר אצילות למהרח"ו	א	ב	ג												
	ד	אח"פ	א	ב	ג	ד	ה										
	ה	טנת"א	א	ב	ג	ד	ה	ו	ז								
	ו	עקודים	א	ב	ג	ד	ה	ו	ז	ח							
	ז	מטי ולא מטי	א	ב	ג	ד	ה										
נקודים	ח	דרושי נקודות	א	ב	ג	ד	ה	ו									
	ט	שבירת הכלים	א	ב	ג	ד	ה	ו	ז	ח							
	י	תיקון	א	ב	ג	ד	ה										
	יא	מלכים	א	ב	ג	ד	ה	ו	ז	ח	ט	י					
הכתרים	יב	עתיק	א	ב	ג	ד	ה										
	יג	א"א	א	ב	ג	ד	ה	ו	ז	ח	ט	י	יא	יב	יג	יד	
או"א	יד	או"א	א	ב	ג	ד	ה	ו	ז	ח	ט	י					
	טו	זווגים	א	ב	ג	ד	ה	ו									
	טז	הולדת או"א וזו"ן	א	ב	ג	ד	ה	ו	ז								
ז"א	יז	ז"א	א	ב	ג	ד											
	יח	רפ"ח נצוצין	א	ב	ג	ד	ה	ו									
	יט	אנ"ך	א	ב	ג	ד	ה	ו	ז	ח	ט	י					
	כ	המוחין	א	ב	ג	ד	ה	ו	ז	ח	ט	י	יא	יב			
	כא	לידת המוחין	א	ב	ג												
	כב	מוחין דקטנות	א	ב	ג												
	כג	מוחין דצלם	א	ב	ג	ד	ה	ו	ז	ח							
	כד	פרקי הצלם	א	ב	ג	ד	ה	ו	ז								
	כה	דרושי הצלם	א	ב	ג	ד	ה	ו	ז	ח							
	כו	צלם	א	ב	ג	ד											
	כז	פרטי עי"מ	א	ב	ג	ד											
	כח	עיבורים	א	ב	ג	ד	ה										
	כט	נסירה	א	ב	ג	ד	ה	ו	ז	ח	ט						
	ל	פרצופים	א	ב	ג	ד	ה	ו	ז								
	לא	פרצופי זו"ן	א	ב	ג	ד	ה										
	לב	הארת המוחין	א	ב	ג	ד	ה	ו	ז	ח	ט						
	לג	אונאה	א	ב	ג	ד	ה										
נוק' דז"א	לד	תיקון הנוקבא	א	ב	ג	ד	ה	ו	ז								
	לה	הירח	א	ב	ג	ד	ה										
	לו	מעוט הירח	א	ב	ג	ד											
	לז	יעקב ולאה	א	ב	ג	ד	ה										
	לח	לאה ורחל	א	ב	ג	ד	ה	ו	ז	ח	ט						
	לט	מ"ן ומ"ד	א	ב	ג	ד	ה	ו	ז	ח	ט	י	יא	יב	יג	יד	טו
	מ	פנימיות וחצוניות	א	ב	ג	ד	ה	ו	ז	ח	ט	י	יא	יב	יג	יד	טו
	מא	חשמל	א	ב	ג												
אבי"ע	מב-א	דרושי אבי"ע	א	ב	ג	ד	ה	ו	ז	ח	ט	י	יא	יב			
	מב-ב	כללות אבי"ע	א	ב	ג	ד											
	מג	ציור עולמות אבי"ע	א	ב	ג	ד											
	מד	שמות	א	ב	ג	ד	ה	ו	ז								
	מה	מקיפין	א	ב	ג	ד											
	מו	כסא הכבוד	א	ב	ג	ד	ה	ו									
	מז	סדר אבי"ע	א	ב	ג	ד	ה	ו									
	מח	קליפות	א	ב	ג	ד											
	מט	קליפת נוגה	א	ב	ג	ד	ה	ו	ז	ח	ט						
	נ	קיצור אבי"ע	א	ב	ג	ד	ה	ו	ז	ח	ט	י					

טבלת ערכים

עולמות	אדם קדמון	אצילות	בריאה	יצירה	עשיה
פרצופים	ע"י וא"א	אבא	אמא	ז"א	נוקבא
ספירות	כתר	חכמה	בינה	חג"ת נה"י	מלכות
הרי"ה	קוץ של י'	י'	ה	ו	ה
אורות	יחידה	חיה	נשמה	רוח	נפש
מילוי	שורש הרי"ה	ע"ב - יוד הי ויו הי	ס"ג - יוד הי ואו הי	מ"ה - יוד הא ואו הא	ב"ן - יוד הה וו הה
טנת"א	שורשים	טעמים	נקודות	תגין	אותיות
בקודות	קמץ	פתח	צרי	סגול, שוה, חולם חיריק, קבוץ, שורוק	אין ניקוד
אדם	גולגולתא	מוח ימין	מוח שמאל	גוף וברית	עטרת היסוד
מל"ץ	מ - מקיף, יחידה	ל' - מקיף, חיה	מוח	לב	כבד
שבנגל"ה	שורש	נשמה	גוף	לבוש	היכל
י"ב פרצופים	ער"ן ואו"ן	או"א עלאין	ישסו"ת	זו"ן	יעו"ר
כל צמא	אורות	מוחין	צלמים	לבושים	כלים
אברים	מוח	עצמות	גידין	בשר	עור
חושים	מוח	ראיה	שמיעה	ריח	דיבור
מחצבים	א"ס	ספירות	נשמות	מלאכים	חושך
צלם	מ' מקיף ב'	ל' מקיף א'	צ' מוח	צ' לב	צ' כבד
דחצ"מ	אלוקות	מדבר	חי	צומח	דומם
יסודות	יולי	מים	אש	רוח	עפר
רקיעים	ערבות	ערבות	ערבות	מכון, מעון, זבול שחקים, רקיע	וילון
גלגלים	גלגל השכל	גלגל היומי	מזלות	כוכבים	לבנה
היכלות	קודש קודשים	קודש קודשים	קודש קודשים	אהבה, זכות, רצון, עצם השמים, לבנת הספיר	לבנת הספיר
מילוי הרי"ה		מו - וד יי יר	לז - וד י אר י	יט - וד אא א	כו - וד ה ו ה
אהי"ה		קס"א - אלף הי יוד הי	קס"א - אלף הי יוד הי	קמ"ג - אלף הא יוד הא	קנ"א - אלף הה יוד הה

החמשה שמות של הנפש

יחידה

יחידה	→	יחידה	חיה	נשמה	רוח	נפש
חיה	→	יחידה	חיה	נשמה	רוח	נפש
נשמה	→	יחידה	חיה	נשמה	רוח	נפש
רוח	→	יחידה	חיה	נשמה	רוח	נפש
נפש	→	יחידה	חיה	נשמה	רוח	נפש

חיה

יחידה	→	יחידה	חיה	נשמה	רוח	נפש
חיה	→	יחידה	חיה	נשמה	רוח	נפש
נשמה	→	יחידה	חיה	נשמה	רוח	נפש
רוח	→	יחידה	חיה	נשמה	רוח	נפש
נפש	→	יחידה	חיה	נשמה	רוח	נפש

נשמה

יחידה	→	יחידה	חיה	נשמה	רוח	נפש
חיה	→	יחידה	חיה	נשמה	רוח	נפש
נשמה	→	יחידה	חיה	נשמה	רוח	נפש
רוח	→	יחידה	חיה	נשמה	רוח	נפש
נפש	→	יחידה	חיה	נשמה	רוח	נפש

רוח

יחידה	→	יחידה	חיה	נשמה	רוח	נפש
חיה	→	יחידה	חיה	נשמה	רוח	נפש
נשמה	→	יחידה	חיה	נשמה	רוח	נפש
רוח	→	יחידה	חיה	נשמה	רוח	נפש
נפש	→	יחידה	חיה	נשמה	רוח	נפש

נפש

יחידה	→	יחידה	חיה	נשמה	רוח	נפש
חיה	→	יחידה	חיה	נשמה	רוח	נפש
נשמה	→	יחידה	חיה	נשמה	רוח	נפש
רוח	→	יחידה	חיה	נשמה	רוח	נפש
נפש	→	יחידה	חיה	נשמה	רוח	נפש

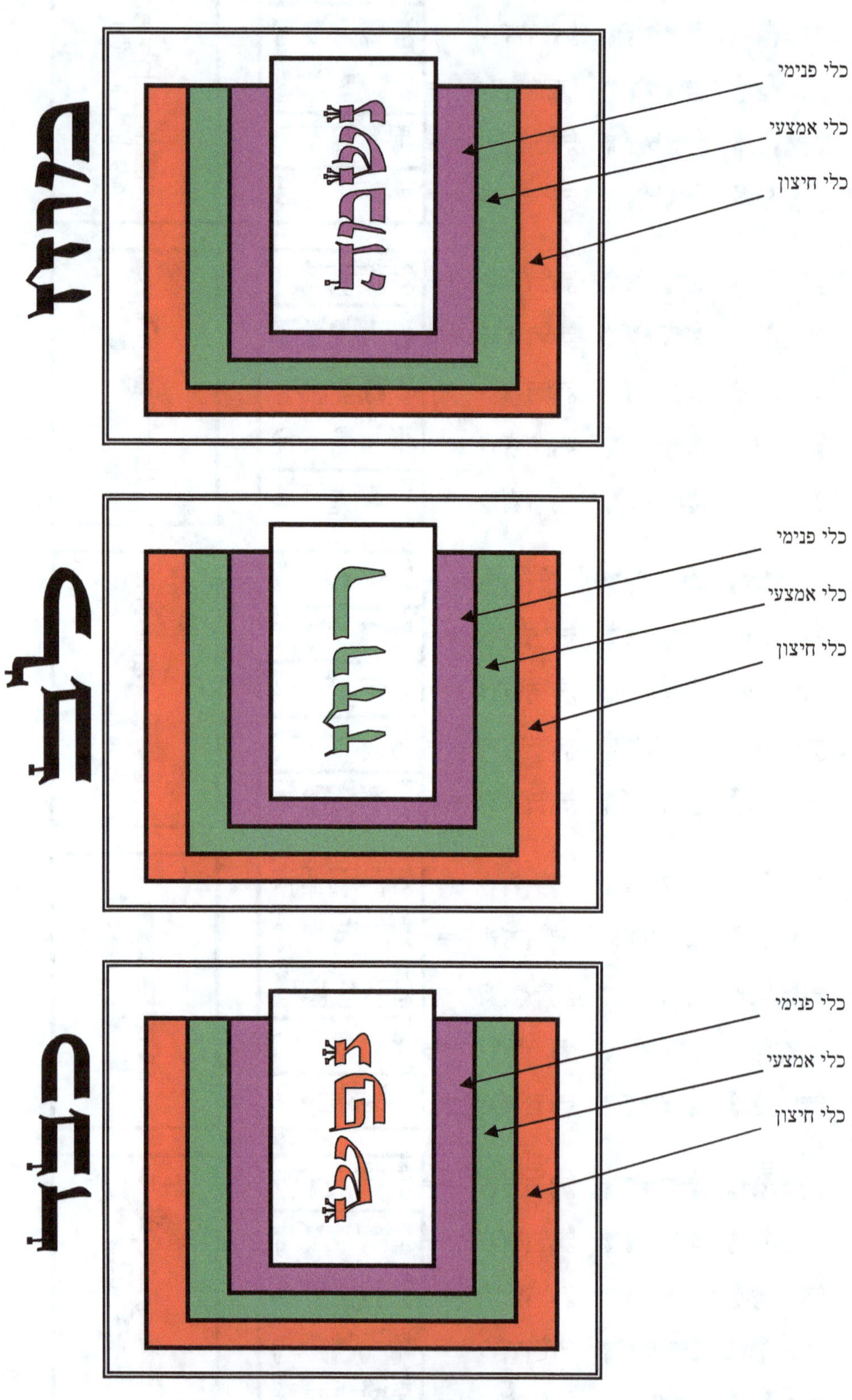
כלי פנימי
כלי אמצעי
כלי חיצון
כלי פנימי
כלי אמצעי
כלי חיצון
כלי פנימי
כלי אמצעי
כלי חיצון

הקשר בין שלשת העמודים
נשמה
מוח
גידים
רוח
לב
דפקים
נפש
כבד
ורידים

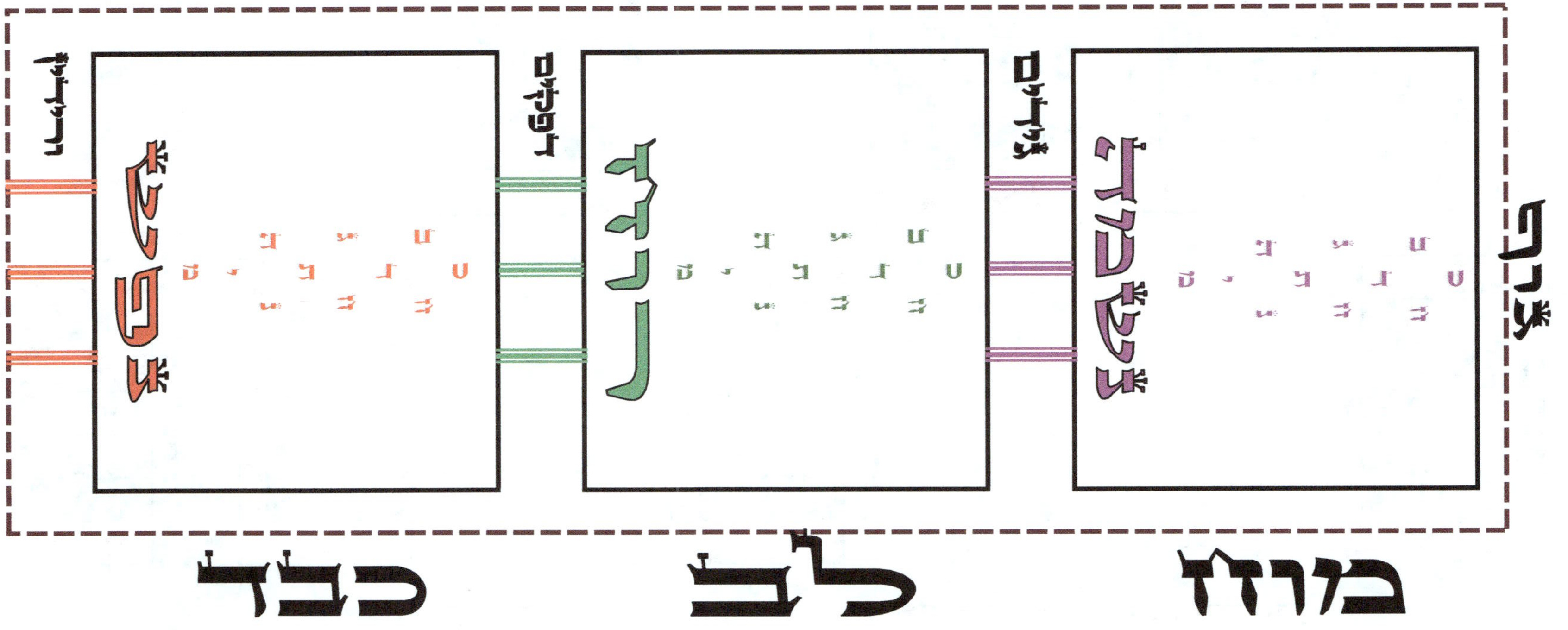

תרשים א - ג

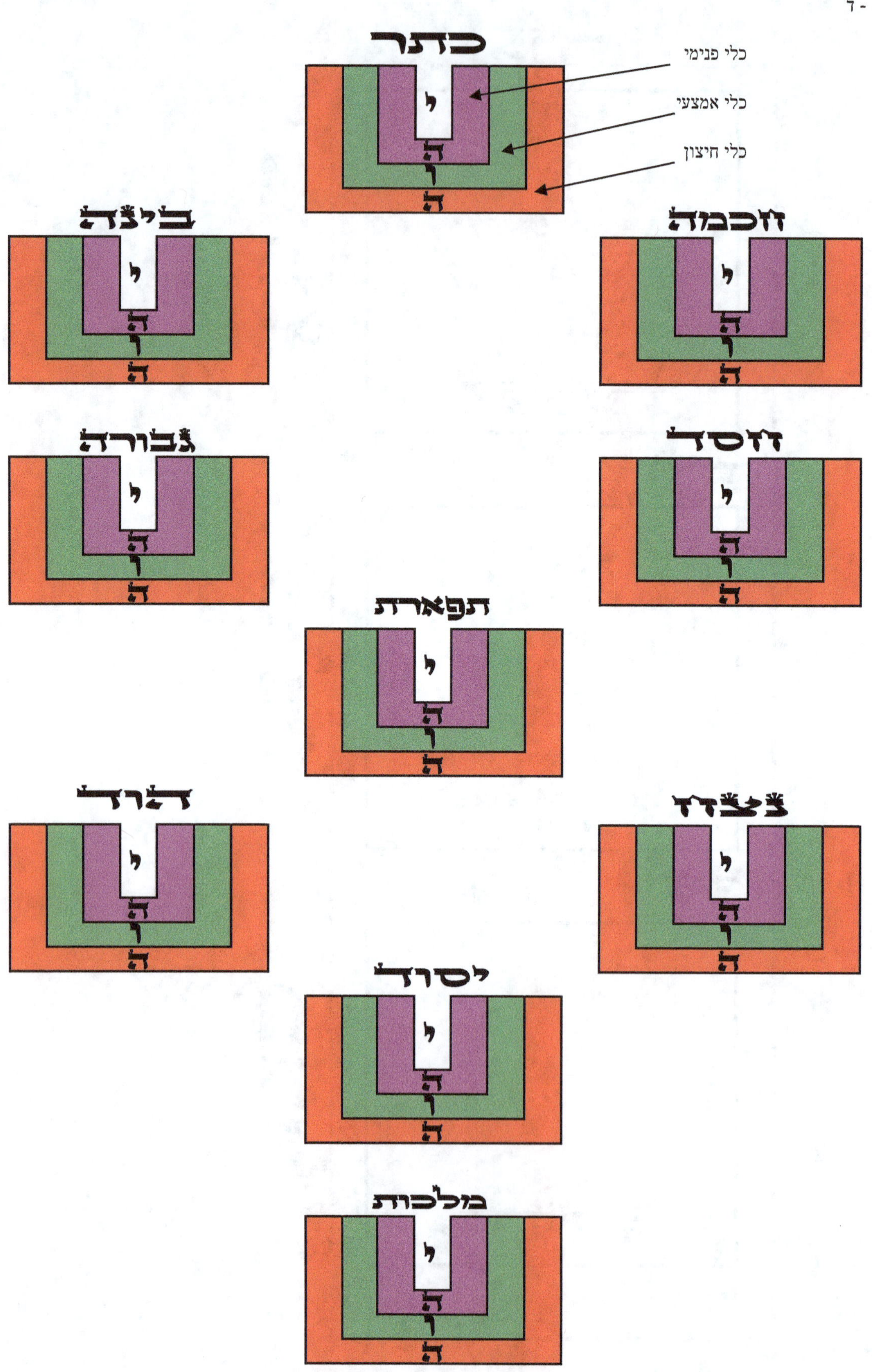
תרשים א - ד
כתר
כלי פנימי
כלי אמצעי
כלי חיצון
בינה
חכמה
גבורה
חסד
תפארת
הוד
נצח
יסוד
מלכות

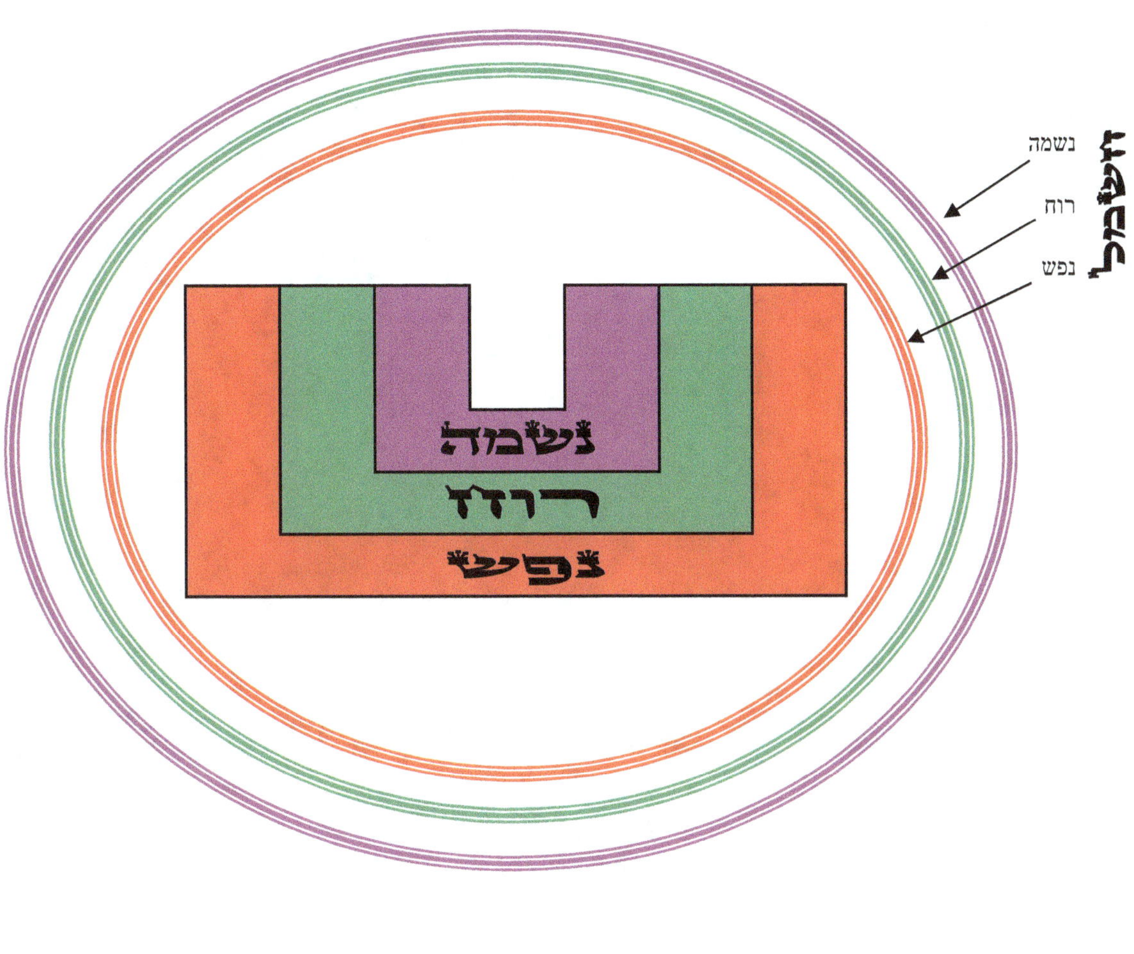
תרשים א - ה
נשמה
רוח
נפש
נשמה
רוח
נפש

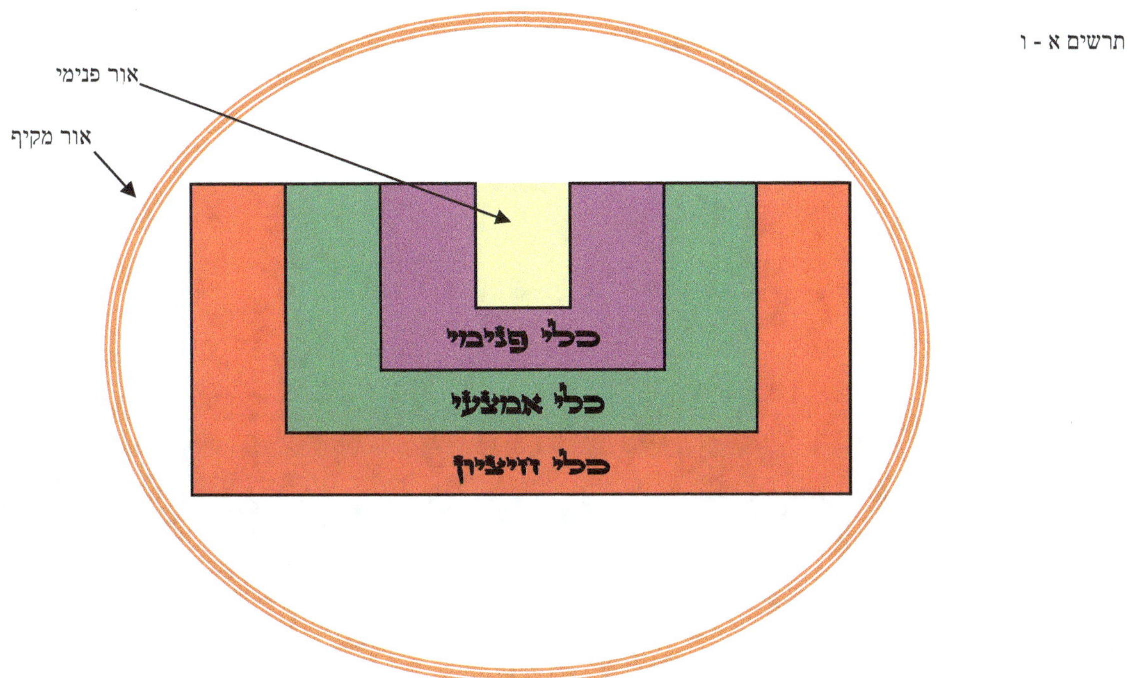
תרשים א - ו
אור פנימי
אור מקיף
כלי פנימי
כלי אמצעי
כלי חיצון